STONEHENGE
REISEFÜHRER 2025 2026

Entdecken Sie antike Wunder, lokale Legenden und wichtige Informationen für Besucher

Ethan Sawyer

INHALTSVERZEICHNIS

Mein Reisebericht

Stonehenge stand schon länger auf meiner Liste – nicht aus einem geheimnisvollen Impuls heraus, sondern wegen seiner ständigen Präsenz in Büchern, Nachrichten und Geschichtsdokumentationen. Als ich mich endlich auf die Reise machte, ging ich sie wie jedes andere größere Reiseziel an: gut geplant, früh aufstehen und realistische Erwartungen. Ich nahm morgens einen Zug von London nach Salisbury, was recht unkompliziert war. Von dort aus machten die Shuttlebusse zur Stätte es einfach, obwohl ich bemerkte, dass man mit weniger Menschenmassen zu kämpfen hatte, je früher man losfuhr. Das half.

Das Erste, was ich sah, waren nicht die Steine, sondern das Besucherzentrum. Es ist modern, effizient und gut organisiert. Ich holte meine Eintrittskarte mit Zeitangabe ab, ging durch das kleine Museum, das zeigt, wie Stonehenge ausgesehen und genutzt worden sein könnte, und besichtigte anschließend die rekonstruierten neolithischen Häuser draußen. Sie vermitteln einen einfachen, aber nützlichen Eindruck davon, wie die Menschen damals gelebt haben könnten. Von dort nahm ich den Shuttle zum Denkmal. Der Bus bringt einen nur einen kurzen Fußweg von den Steinen entfernt ab, oder man kann einen längeren Spaziergang entlang der historischen Avenue machen. Ich nahm den Shuttle, um Zeit zu sparen.

Die Steine persönlich zu besichtigen war unkompliziert. Man kann sie zwar nicht berühren oder sich ihnen nähern, es sei denn, man hat einen Sonderzugang gebucht, aber der Rundweg um sie herum ermöglicht es trotzdem, alles gut zu beobachten. Entlang des Weges gibt es Informationsschilder, und ich nutzte den kostenlosen Audioguide auf meinem Handy, um die verschiedenen Besonderheiten auch ohne Führer zu verstehen. Die Ausrichtung der Steine zur Sonne, insbesondere ihre Ausrichtung zum Sonnenaufgang im Hochsommer, ergab durch die visuelle Erklärung mehr Sinn.

Ich verbrachte etwas mehr als eine Stunde damit, den Weg entlangzugehen, die Reaktionen anderer zu beobachten und Fotos aus verschiedenen Winkeln zu machen. Trotz des Andrangs war es ein ruhiges Erlebnis. Die Mitarbeiter des Geländes waren sich über die Regeln im Klaren: keine Drohnen, kein Klettern auf den Steinen und immer weiter auf dem Weg. Alles ist streng kontrolliert, aber nicht so, dass der Besuch dadurch beeinträchtigt wird. Man bekommt, wofür man gekommen ist.

Anschließend kehrte ich zum Besucherzentrum zurück und aß im Café ein schnelles Mittagessen – nichts Besonderes, aber ausreichend. Der Souvenirladen war voll mit den üblichen Schlüsselanhängern, Büchern und Modellen, aber das meiste davon ließ ich aus. Den Rest des Tages wollte ich nutzen, um die Umgebung zu erkunden. Ein kurzer Spaziergang vom Hauptgelände führte mich zur Avenue, dem Prozessionsweg, der die Steine mit dem Fluss Avon verbinden soll. Er wird oft übersehen, ist aber sehenswert, wenn man schon einmal dort ist. Dann ging ich ein Stück weiter zu Woodhenge und Durrington Walls. Diese sind meist leer, und obwohl sie optisch nicht so beeindruckend sind wie Stonehenge, runden sie das Bild ab, das diese Gegend einst ausmachte.

Am Nachmittag kehrte ich nach Salisbury zurück und verbrachte Zeit in der Kathedrale, in der sich eine der Originalkopien der Magna Carta befindet. Allein dieser Abstecher ist den ganzen Tag wert. Ich übernachtete in einer Pension und unterhielt mich mit ein paar Einheimischen, die mir erzählten, wie die Sonnenwende riesige Menschenmengen anzieht. Die Atmosphäre ist zu dieser Zeit völlig anders, intensiver, aber auch chaotischer.

Stonehenge entsprach meinen Erwartungen – übersichtlich, historisch und gut erhalten. Es ist nicht die Art von Ort, den man wegen der Aufregung oder des stundenlangen Verweilens besucht, aber es bietet genau das, was es verspricht: eine direkte Verbindung zu einem der ältesten noch erhaltenen menschlichen Wahrzeichen. Ich bin zufrieden gegangen, nicht weil es etwas verändert hat, sondern weil es einem Stück

Geschichte, das ich mein ganzes Leben lang immer wieder gesehen habe, einen neuen Kontext gegeben hat. Für die meisten ist es ein einmaliger Besuch, aber einer, der zählt.

Beste Reisezeit (Jahreszeiten, Sonnenwenden und Besucherzahlen)

Die beste Zeit für einen Besuch von Stonehenge hängt davon ab, welches Erlebnis Sie wünschen – ruhige Beobachtung, angenehmes Wetter oder die Teilnahme an besonderen Ereignissen wie den Sonnenwenden. Jede Jahreszeit bringt unterschiedliche Bedingungen, Besucherzahlen und Reisemöglichkeiten mit sich.

Der Frühling, von Ende März bis Anfang Juni, gilt oft als die ausgeglichenste Jahreszeit. Das Wetter ist meist mild und die Landschaft rund um die Steine grüner, was die Gesamtatmosphäre aufwertet. Der Touristenverkehr nimmt in dieser Zeit zu, hat aber noch nicht das sommerliche Niveau erreicht. Besuche am frühen Morgen sorgen in dieser Jahreszeit für gute Beleuchtung und weniger Menschen auf den Wanderwegen. Besonders April und Mai bieten ein gutes Gleichgewicht zwischen Zugänglichkeit und Komfort.

Der Sommer, insbesondere von Mitte Juni bis August, bringt die meisten Besucher. Dies ist die Hauptsaison für Touristen in ganz Großbritannien, und Stonehenge ist da keine Ausnahme. Tickets sind oft im Voraus ausverkauft, und die Warteschlangen am Besucherzentrum und an den Shuttle-Haltestellen können lang sein. Die langen Tageslichtstunden ermöglichen jedoch mehr Flexibilität bei der Planung Ihres Besuchs. Die Sommersonnenwende um den 21. Juni ist das beliebteste Ereignis des Jahres in Stonehenge. Tausende von Menschen versammeln sich vor Sonnenaufgang, um den Sonnenaufgang über dem Heel Stone zu erleben. Während der Sonnenwende wird Besuchern ein Sonderzugang zum Steinkreis gewährt, der bei normalen Besuchen nicht gestattet ist. Es ist ein einzigartiges Erlebnis, aber extrem überfüllt und nicht für diejenigen geeignet, die einen ruhigen Ausflug machen möchten. Auch die Unterkünfte in der Nähe sind schnell ausgebucht und müssen Monate im Voraus gebucht werden.

Der Herbst, von September bis Anfang November, bringt kühlere Temperaturen und weniger Menschenmassen. Das Erlebnis wird entspannter, und die Wanderwege sind weniger überfüllt. Das Wetter kann unvorhersehbar sein, mit gelegentlichem Regen und starkem Wind, aber die Stätte bleibt vollständig geöffnet. Anfang Oktober ist eine gute Zeit für Besucher, die lange Warteschlangen vermeiden und dennoch gute Wanderbedingungen haben möchten. Im Spätherbst sind die Tage kürzer, daher ist ein Besuch am frühen Morgen notwendig, um die Steine bei gutem Licht zu sehen.

Der Winter, von November bis Februar, ist die ruhigste Zeit in Stonehenge. Die Besucherzahlen gehen stark zurück, und man kann sich Zeit nehmen, um den Kreis zu erkunden, ohne von Gruppen umgeben zu sein. Der Nachteil ist, dass das Wetter oft kalt, nass und windig ist und die Felder rund um die Stätte matschig werden können. Auch die Wintersonnenwende, meist um den 21. oder 22. Dezember, zieht viele Besucher an, allerdings weniger als im Sommer. Ähnlich wie im Sommer dürfen Besucher den Steinkreis betreten. Der Sonnenaufgang an diesem Tag fällt mit dem zentralen Altarstein durch den Eingang des Monuments zusammen, weshalb er eine zeremonielle Bedeutung hat.

Wenn Sie Menschenmassen vermeiden und die Steine ohne allzu große Störungen besichtigen möchten, sind Wochentage außerhalb der britischen Schulferien die beste Option. Achten Sie auf Zeitfenster am frühen Morgen, insbesondere wenn Sie zwischen dem späten Frühling und dem frühen Herbst anreisen. Stonehenge öffnet je nach Jahreszeit bereits um 9:30 Uhr, und zu den ersten Besuchern des Tages zu gehören, kann das Erlebnis deutlich verbessern. Sonntagnachmittags und vormittags unter der Woche gibt es tendenziell weniger Gruppenreisen und Busankünfte.

März bis Anfang Juni und September bis Anfang Oktober sind ideal für ausgeglichenes Wetter und überschaubare Besucherzahlen. Sonnenwende-Veranstaltungen sind eine Überlegung wert, wenn Sie das Denkmal in seiner vollen kulturellen Bedeutung erleben möchten, allerdings nur mit guter Planung und realistischen Erwartungen hinsichtlich des Besucherandrangs. Für Besucher, die Wert auf ruhige Beobachtung und ein langsameres Tempo legen, bieten die Winterwochentage das persönlichste und ungestörteste Erlebnis.

Öffnungszeiten, Ticketpreise und Buchungstipps

Stonehenge ist das ganze Jahr über geöffnet und schließt nur am 25. Dezember. Die Öffnungszeiten variieren je nach Jahreszeit leicht. Von Ende März bis Ende Oktober öffnet die Anlage in der Regel gegen 9:30 Uhr morgens und schließt um 19:00 Uhr. In den kälteren Monaten – von November bis Ende März – öffnet die Anlage weiterhin um 9:30 Uhr, schließt aber früher, typischerweise um 17:00 Uhr. Der letzte Einlass ist zwei Stunden vor Schließung möglich, und diese Frist wird strikt eingehalten. Besucher, die zu spät ankommen, werden nicht eingelassen. Daher ist es ratsam, eine frühere Anreise zu planen, insbesondere im Winter, wenn die Tageslichtstunden begrenzt sind.

Die Ticketpreise richten sich nach Alter und Status. Für Erwachsene kostet der allgemeine Eintritt in der Regel zwischen 21 und 23 Pfund, je nachdem, ob Sie im Voraus buchen oder am Tag der Veranstaltung bezahlen. Senioren und Studenten erhalten leicht ermäßigte Preise, die in der Regel ein bis zwei Pfund unter dem normalen Erwachsenenpreis liegen. Kinder im Alter von fünf bis siebzehn Jahren zahlen etwa zwölf bis vierzehn Pfund, während Kinder unter fünf Jahren freien Eintritt haben. Für Familien gibt es Paketangebote, die günstiger sind als Einzeltickets – in der Regel gelten diese für einen Erwachsenen und bis zu drei Kinder oder für zwei Erwachsene und drei Kinder. Familientickets kosten in der Regel zwischen 35 und 55 Pfund, je nach Kombination. Diese Preise können sich in der Hochsaison, beispielsweise während der Sommerferien oder rund um die Sonnenwende, ändern.

Eine Online-Vorabbuchung empfiehlt sich aus zwei Gründen: um Geld zu sparen und sich einen garantierten Eintrittszeitpunkt zu sichern. Online-Tickets sind im Voraus in der Regel 15 bis 20 Prozent günstiger als Tickets an der Kasse. Darüber hinaus gilt für Stonehenge ein zeitgesteuertes

Einlasssystem. Das bedeutet, dass Sie bei der Buchung ein bestimmtes Zeitfenster wählen müssen. Sollten Sie außerhalb dieses Zeitfensters eintreffen, wird Ihnen der Zutritt möglicherweise verweigert oder Sie werden gebeten zu warten. Während der Sommersaison oder der Schulferien können Tickets für den Vormittag und frühen Nachmittag, insbesondere an Wochenenden, schnell ausverkauft sein. Buchen Sie daher am besten mehrere Tage im Voraus.

Es gibt auch eine spezielle Ticketkategorie, die als Stone Circle Experience bekannt ist. Diese Tickets sind vom allgemeinen Eintrittspreis getrennt und ermöglichen kleinen Gruppen den Zutritt zum Steinkreis. Dies ist die einzige legale Möglichkeit, zwischen den Steinen zu stehen, anstatt sie vom Rundweg aus zu betrachten. Das Erlebnis findet entweder frühmorgens vor der Öffnung des Geländes für die Öffentlichkeit oder abends nach Schließung statt. Die Gruppengröße ist begrenzt und der gesamte Besuch ist zeitlich festgelegt und wird streng überwacht. Die Preise für dieses Erlebnis sind erheblich höher als die Standardeintrittspreise – normalerweise über 70 Pfund für Erwachsene und 40 Pfund für Kinder. Diese Tickets müssen lange im Voraus gebucht werden, da ihre Anzahl begrenzt ist und die Tickets oft schon Wochen im Voraus ausverkauft sind, insbesondere um die Sommer- und Wintersonnenwende herum.

Besucher, die Mitglieder von English Heritage sind oder eine Mitgliedschaft bei Organisationen wie dem National Trust haben, erhalten freien Eintritt. Auch das Parken ist für Mitglieder kostenlos. Nichtmitglieder zahlen auf dem hoteleigenen Parkplatz in der Regel eine geringe Gebühr, sofern sie keine gültige Eintrittskarte vorlegen. Der Parkplatz ist groß, kann aber in den Hauptsaisonen voll sein. Busreisende können den Parkplatz oft ganz umgehen, da der Gruppentransport separat abgewickelt wird.

Direkt an den Steinen sind keine Tickets erhältlich. Der Zugang erfolgt über das Besucherzentrum, das etwa drei Kilometer vom Denkmal entfernt liegt. Von dort aus können Besucher entweder zu Fuß gehen oder einen Shuttlebus zum Steinkreis nehmen. Die Einlasszeiten gelten ab dem Zeitpunkt Ihrer Anmeldung im Besucherzentrum, nicht ab Ihrer Ankunft an den Steinen. Eine verspätete Ankunft am Parkplatz kann daher Ihren Zeitplan beeinträchtigen. Wenn Sie individuell anreisen, empfehlen wir Ihnen, mindestens 30 Minuten vor Ihrem geplanten Einlass einzutreffen, um Zeit für das Parken, die Ticketabholung und die Shuttlefahrt zu haben.

Gruppen, Schulen und Reiseveranstalter erhalten Ermäßigungen, die jedoch im Voraus über das Gruppenbuchungssystem vereinbart werden müssen. English Heritage bietet gelegentlich auch Sonderaktionen an, die jedoch in der Regel auf Besuche außerhalb der Stoßzeiten oder am späten Nachmittag beschränkt sind. Für besondere Zugangstage, wie beispielsweise zur Sonnenwende, gelten andere Zugangsregeln. Tickets für diese Zeiträume unterliegen in der Regel einem separaten Verfahren mit zusätzlichen Richtlinien und Einschränkungen.

Um das beste Erlebnis zu erhalten, vermeiden Sie Buchungen außerhalb der Mittagszeit im Sommer oder in den Schulferien, sofern nicht unbedingt erforderlich. Frühmorgens ist es ruhiger, die Beleuchtung ist besser zum Fotografieren und Sie haben mehr Zeit, die Stätte zu erkunden, bevor sie überfüllt ist. Bringen Sie immer Ihre Buchungsbestätigung mit, da beim Check-in ein digitaler oder ausgedruckter Nachweis erforderlich ist. Bei Anreise ohne Reservierung während der Stoßzeiten kann es zu einer Abweisung kommen. Frühzeitiges Buchen, die Überprüfung der Wettervorhersage und eine längere Anreisezeit tragen zu einem reibungsloseren und lohnenderen Besuch bei.

Besucherausweise, Führungen und Zugangsmöglichkeiten

Stonehenge bietet je nach geplantem Besuch verschiedene Ticketoptionen und Zugangsarten. Informieren Sie sich vor Ihrer Ankunft über die verfügbaren Besucherpässe, Tourformate und Zugangsbeschränkungen, da nicht alle Tickets den gleichen Zutritt gewähren.

Der Standard-Besucherpass ist die allgemeine Eintrittskarte. Diese beinhaltet den Zugang zum äußeren Weg des Steinkreises, den Ausstellungen im Besucherzentrum, den rekonstruierten neolithischen Häusern und den Shuttlebus-Service zwischen dem Besucherzentrum und den Steinen. Dies ist die am häufigsten genutzte Eintrittskarte und eignet sich für Einzelreisende, Familien und kleine Gruppen. Die Eintrittskarte beinhaltet ein zeitlich begrenztes Zeitfenster, das strikt eingehalten werden muss. Wenn Sie Ihr Zeitfenster verpassen, insbesondere in Stoßzeiten, besteht keine Einlassgarantie. Die allgemeine Eintrittskarte erlaubt Ihnen nicht, die Steine zu betreten oder zwischen ihnen hindurchzugehen. Sie betrachten das Monument von einem festgelegten Rundweg aus, der in kontrolliertem Abstand vom Steinkreis verläuft.

Für Mitglieder von English Heritage oder des National Trust (mit entsprechenden Vereinbarungen) ist der allgemeine Eintritt frei. Allerdings müssen auch Mitglieder im Voraus ein Zeitticket buchen, insbesondere während der Schulferien oder zur Sonnenwende, da bei voller Kapazität der Zugang nicht garantiert ist. Diese Pässe beinhalten auch kostenloses Parken, das für Nichtmitglieder sonst kostenpflichtig ist.

Für einen ausführlicheren Besuch stehen geführte Touren zur Verfügung. Diese lassen sich in zwei Hauptkategorien unterteilen: Audioguides vor Ort und organisierte Gruppenführungen. Der Audioguide ist über eine kostenlose mobile App verfügbar. Besucher können mit ihrem eigenen Smartphone an verschiedenen markierten Punkten auf dem Gelände Erklärungen anhören. Diese Führungen sind in mehreren Sprachen verfügbar und können im eigenen Tempo durchgeführt werden. So können Sie wichtige Details zur Geschichte, zum Bau und zu den Theorien rund um Stonehenge während des Rundgangs verstehen.

Organisierte Führungen werden von Drittanbietern und Reiseveranstaltern angeboten. Diese beinhalten oft den Transport von Großstädten wie London, Bath oder Salisbury und werden manchmal mit anderen Zielen wie Windsor Castle, Oxford oder Bath kombiniert. Diese Touren werden in der

Regel von einem Reiseleiter oder Fahrer/Reiseleiter begleitet, der Kommentare liefert und den Einlass regelt. In den meisten Fällen beinhaltet die Tour den allgemeinen Eintritt, jedoch keinen Sonderzugang zum Steinkreis. Gruppengröße, Besuchsdauer und Tourqualität variieren je nach Anbieter.

Die exklusivste Form des Zugangs ist die Stone Circle Experience, eine separate Ticketkategorie, die nicht im regulären Eintritt oder den meisten Führungen enthalten ist. Mit diesem Ticket haben Besucher die seltene Gelegenheit, den Steinkreis zu betreten, typischerweise entweder sehr früh am Morgen oder nach den allgemeinen Schließzeiten am Abend. Pro Besuch ist nur eine begrenzte Anzahl von Personen zugelassen, und die Buchung muss im Voraus über die offiziellen Kanäle erfolgen. Die Besuche dauern etwa eine Stunde und werden streng überwacht. Gäste dürfen zwischen den Steinen umhergehen, Fotos machen und dem anwesenden Personal Fragen stellen. Diese Art des Zugangs ist aufgrund der begrenzten Verfügbarkeit nicht für Tagesplanungen oder Last-Minute-Reisen geeignet.

Einige private Unternehmen bieten auch Premium-Touren an, die den Zugang zur Stone Circle Experience als Teil eines größeren Programms beinhalten. Diese Pakete sind in der Regel teurer und müssen lange im Voraus gebucht werden. Sie richten sich vor allem an Besucher, die ein intensives Erlebnis in kleinen Gruppen mit mehr Flexibilität und zusätzlichen Kommentaren wünschen.

Während der Sommer- und Wintersonnenwende gelten besondere Zugangsregelungen. English Heritage öffnet das Denkmal für Sonnenauf- und -untergänge und ermöglicht es Besuchern, sich um die Steine zu versammeln. Der Eintritt während dieser Veranstaltungen ist kostenlos, unterliegt jedoch anderen Regeln, darunter strikte Ankunftszeiten, Alkoholverbot und strenge Aufsicht. Es handelt sich um offene Zeiten, und kein Ticket oder Pass gewährt über den Eintritt hinaus weitere Privilegien. Die Sonnenwende-Veranstaltungen können sehr überfüllt und laut sein und sind daher nicht ideal für Besucher, die Ruhe oder detaillierte Interpretationen suchen.

Besucher sollten beachten, dass die Steine auch zu Fuß vom Besucherzentrum aus erreicht werden können. Der Shuttle ist in den meisten Pässen inbegriffen, der Fußweg ist jedoch eine Option für alle, die lieber zu Fuß gehen. Die Strecke dauert etwa 25 bis 30 Minuten und verläuft entlang der alten Zeremonienstraße. Der Weg ist stellenweise uneben und daher möglicherweise nicht für alle Besucher geeignet.

Kurz gesagt: Welchen Pass oder welche Tour Sie wählen, hängt von Ihren Prioritäten ab. Der allgemeine Eintritt ist für die meisten Besucher ausreichend, insbesondere für Individualreisende. Audioguides bieten Kontext, ohne dass ein persönlicher Guide erforderlich ist. Organisierte Touren helfen bei der Anreise und Planung, beinhalten aber nicht immer zusätzlichen Zugang. Die Stone Circle Experience bietet den direktesten Zugang zum Monument, erfordert jedoch eine frühzeitige Buchung und ist teurer. Wenn Sie wissen, was die einzelnen Optionen beinhalten, vermeiden Sie Missverständnisse und können Ihren Besuch optimal planen.

Einlassbestimmungen, Sicherheitskontrollen und Zeitfenster

Stonehenge unterliegt spezifischen Zugangsregeln und Richtlinien, die den Besucherstrom regeln, das Denkmal schützen und die Sicherheit gewährleisten sollen. Diese gelten für alle Besucher, unabhängig von Nationalität oder Wohnsitz, und werden das ganze Jahr über konsequent durchgesetzt. Für einen reibungslosen Ablauf ist es wichtig, diese vor der Ankunft zu kennen.

Jeder Besucher benötigt ein gültiges Ticket mit einem bestimmten Zeitfenster. Diese Tickets sind nach Ausstellung nicht auf einen anderen Zeitpunkt übertragbar. Bei der Buchung wählen Sie ein halbstündiges Zeitfenster. Sie müssen innerhalb dieses Zeitfensters eintreffen. Bei voller Kapazität, insbesondere in der Hochsaison oder an Wochenenden, kann verspäteten Besuchern der Zutritt verwehrt werden. Aus diesem Grund wird Besuchern empfohlen, mindestens 30 Minuten vor der geplanten Zeit einzutreffen. Die Zeit auf Ihrem Ticket bezieht sich auf den Check-in im Besucherzentrum, nicht auf die Zeit, zu der Sie die Steine erreichen. Nach dem Check-in dauert die Fahrt mit dem Shuttle vom Besucherzentrum zum Steinkreis in der Regel etwa 10 bis 15 Minuten, zu Fuß dauert es länger.

Vor Ort gibt es Sicherheitskontrollen, und alle Besucher werden beim Betreten des Besucherzentrums einer Taschenkontrolle unterzogen. Der Ablauf ähnelt der Sicherheitskontrolle am Flughafen. Große Taschen sind außerhalb des Besucherzentrums nicht erlaubt. Nur kleine Tagesrucksäcke, Handtaschen und Kamerataschen sind erlaubt. Es gibt keine Gepäckaufbewahrung, daher werden Besucher mit großen Rucksäcken oder Koffern abgewiesen. Aus Sicherheitsgründen und zum Schutz der Steine sind Drohnen, Stative, Hocker, Klappstühle und große Regenschirme ebenfalls nicht erlaubt. Professionelle Filmaufnahmen oder kommerzielle Fotografie erfordern eine im Voraus eingeholte Sondergenehmigung.

Besucher müssen dem ausgewiesenen Weg folgen, der um den Steinkreis führt. Das Betreten der Absperrungen oder das Berühren der Steine ist für Personen mit allgemeinem Eintritt strengstens untersagt. Das gesamte Gelände ist bewacht und durch Personal überwacht. Wer die Absperrungen überschreitet oder Anweisungen ignoriert, kann ohne Rückerstattung des Eintrittsgeldes vom Gelände verwiesen werden. Diese Einschränkungen gelten unabhängig von Alter, Nationalität oder Gruppenzugehörigkeit.

Inhaber von Tickets für das Stone Circle Experience unterliegen zusätzlichen Einweisungen und einer strengeren Überwachung. Obwohl dieses Ticket den Zutritt zum Steinkreis selbst ermöglicht, müssen sich Besucher innerhalb der dafür vorgesehenen Bereiche aufhalten und die bei der Ankunft bekannt gegebenen Zeitvorgaben einhalten. Speisen, Getränke und große persönliche Gegenstände sind während dieser Besuche im Kreis nicht gestattet.

Kinder unter 16 Jahren müssen stets von einem Erwachsenen begleitet werden. Gruppenleiter und Schulaufsichtspersonen sind für das Verhalten ihrer Betreuten verantwortlich. Lärm in der Nähe der Steine ist zu vermeiden. Rennen oder Klettern auf den Grasbänken ist nicht erwünscht.

Fotografieren ist auf dem gesamten Gelände für private Zwecke gestattet. Die Verwendung von Selfie-Sticks, Kameradrohnen oder anderen Geräten, die größer als eine normale Handgröße sind, ist in der Nähe des Denkmals jedoch nicht gestattet. Von Blitzlichtaufnahmen wird abgeraten. Wer Fotos für Veröffentlichungen oder kommerzielle Zwecke verwenden möchte, muss vorab eine Genehmigung einholen.

Von den Besuchern wird außerdem erwartet, dass sie die grundlegenden Verhaltensregeln einhalten, z. B. keinen Müll hinterlassen, außerhalb der dafür vorgesehenen Bereiche nicht rauchen und kein lautes oder störendes Verhalten zeigen. Entlang der Wanderwege steht Personal bereit, um Fragen zu beantworten und die Einhaltung der Regeln zu überwachen. Anweisungen des Personals sind unverzüglich zu befolgen.

Das Denkmal selbst befindet sich in einer offenen Landschaft mit sehr begrenztem Schutz. Daher ist das Gelände bei den meisten Wetterbedingungen, einschließlich leichtem Regen und Wind, geöffnet. Bei extremen Wetterbedingungen wie starkem Wind, dichtem Nebel oder Eis kann das Gelände jedoch ohne vorherige Ankündigung geschlossen werden. Rückerstattungen oder Umbuchungen erfolgen gemäß den bei der Buchung vereinbarten Bedingungen.

Im Notfall ist geschultes Erste-Hilfe-Personal vor Ort, und alle Besucherbereiche liegen in Reichweite des Hauptzentrums. Notfallsammelplätze sind deutlich gekennzeichnet, und im Notfall hilft das Personal bei einer notwendigen Evakuierung.

Für einen erfolgreichen Besuch ist es wichtig, das gebuchte Zeitfenster einzuhalten, leichtes Gepäck mitzunehmen und den Anweisungen des Personals von der Ankunft bis zum Verlassen zu folgen. Ob Sie alleine, in einer Gruppe oder mit der Familie reisen, die Regeln gelten für alle Nationalitäten gleichermaßen und dienen der Sicherheit des Denkmals und einem geordneten Besuch.

Wetterüberlegungen und was Sie das ganze Jahr über erwartet

Das Wetter in Stonehenge kann unvorhersehbar sein und schwankt je nach Jahreszeit erheblich. Da das Monument auf offenem Kalkgrasland mit wenig Baumbestand und ohne Schutz in der Nähe der Steine liegt, wirken sich die Wetterbedingungen direkt auf den Komfort Ihres Besuchs aus. Wind, Regen und kalte Temperaturen sind häufig, und sobald Sie das Besucherzentrum verlassen, gibt es kaum Schutz vor den Elementen. Es ist wichtig, das zu erwartende Wetter während Ihres Besuchs im Voraus zu planen, insbesondere wenn Sie mit Kindern, älteren Menschen oder Personen mit eingeschränkter Mobilität reisen.

Im Frühling, der von März bis Mai dauert, sind die Temperaturen meist mild und liegen zwischen 8 und 15 Grad Celsius. Regenschauer sind häufig, aber meist kurz. Der Boden rund um den Standort kann nass oder matschig sein, insbesondere in den ersten Monaten der Saison. Mehrere Kleidungsschichten sind sinnvoll, da es morgens und am späten Nachmittag meist kühler ist als mittags. Es ist auch eine gute Zeit zum Fotografieren, da der Himmel oft klar und das Gras rund um den Standort frisch und grün ist.

Der Sommer, von Juni bis August, bringt das wärmste und stabilste Wetter des Jahres. Die Temperaturen liegen typischerweise zwischen 15 und 25 Grad Celsius. An seltenen Tagen können sie darüber steigen. Obwohl es seltener regnet als in anderen Jahreszeiten, sind Schauer dennoch möglich. Der Wind auf der offenen Ebene kann selbst an sonnigen Tagen stark sein. Aufgrund des Mangels an Schatten sind Sonnenschutz und ein Hut empfehlenswert. Diese Jahreszeit bringt auch die längsten Tageslichtstunden mit sich, sodass Sie die Stätte früh morgens oder spät abends besuchen können und trotzdem noch viel Tageslicht haben. Allerdings ist der

Sommer auch die geschäftigste Jahreszeit, rechnen Sie also unabhängig vom Wetter mit mehr Menschen in Ihrer Nähe.

Der Herbst, von September bis November, markiert eine Rückkehr zu kühleren und feuchteren Bedingungen. Der Frühherbst kann sich noch mild anfühlen, doch im Laufe der Monate sinken die Temperaturen schnell. Die Durchschnittstemperaturen liegen im September zwischen 10 und 17 Grad und im November bei 4 bis 10 Grad. Regen nimmt zu, und der Wind über der Salisbury Plain frischt wieder auf. Fußwege können durch nasses Laub oder Schlamm rutschig werden. Besucher sollten wasserdichte Jacken und Schuhe mit gutem Halt mitbringen und sich auf kältere Luft rund um den Steinkreis einstellen, insbesondere bei einem Besuch am Morgen.

Der Winter von Dezember bis Februar ist kalt und oft feucht. Die Tagestemperaturen liegen durchschnittlich zwischen 2 und 8 Grad Celsius, können aber morgens früh unter den Gefrierpunkt fallen. Schnee ist selten, aber möglich. Regen und starker Wind sind häufiger und können den Spaziergang um das Monument ohne geeignete Kleidung unangenehm machen. Das offene Feld rund um das Monument bietet keinen Schutz, daher ist wasserdichte Kleidung unerlässlich. Stonehenge bleibt bei leichtem Regen und kalten Temperaturen geöffnet, bei starkem Schneefall oder extremem Wind kann die Anlage jedoch vorübergehend geschlossen sein. Die kurzen Tageslichtstunden bedeuten außerdem, dass Besuche früher am Tag geplant werden müssen, um eine Ankunft im Dunkeln zu vermeiden.

Das ganze Jahr über ist das Tragen von festen, geschlossenen Schuhen oder Stiefeln mit gutem Halt unerlässlich, insbesondere da die Gehfläche größtenteils aus unebenem Kalkstein und Gras besteht. Flip-Flops oder Schuhe mit dünnen Sohlen sind nicht geeignet, insbesondere bei nassem Boden. Auch im Sommer ist aufgrund der Windeinwirkung in der Nähe der Steine eine leichte Jacke empfehlenswert. Von Regenschirmen wird wegen starker Böen und Platzmangel abgeraten. Stattdessen wird Besuchern empfohlen, wasserdichte Kapuzen oder Ponchos zu tragen.

Aufgrund der wechselhaften Wetterbedingungen ist es ratsam, am Morgen Ihres Besuchs die lokale Wettervorhersage zu prüfen und Ihre Kleidung und Zeit entsprechend anzupassen. Das Gelände verfügt über keine Unterstände entlang der Wege, sodass Sie nach dem Verlassen des Besucherzentrums völlig ungeschützt sind. Bei schlechtem Wetter verbringen viele Besucher zunächst etwas Zeit im Museum und Café des Zentrums, bevor sie zu den Steinen aufbrechen.

Wind ist zu jeder Jahreszeit ein ständiges Merkmal der Stonehenge-Landschaft. Selbst bei scheinbar gemäßigten

Temperaturen kann der Wind die gefühlte Temperatur deutlich senken. Eine Sonnenbrille kann nicht nur vor Sonne, sondern auch vor Wind schützen. Wenn Sie mit Kindern unterwegs sind, bringen Sie zusätzliche Kleidungsschichten mit und denken Sie an eine Windjacke für mehr Komfort.

Das Wetter in Stonehenge erfordert unabhängig von der Jahreszeit Vorbereitung. Regen, Wind und Temperaturschwankungen gehören zum Erlebnis. Eine wetterbezogene Planung trägt dazu bei, den Besuch angenehmer zu gestalten und sicherzustellen, dass Sie ausreichend Zeit am Denkmal verbringen können, ohne Ihren Besuch aufgrund von Kälte, Nässe oder schlechten Gehbedingungen abbrechen zu müssen.

Wie man dorthin kommt

Die Anreise nach Stonehenge erfordert etwas Planung, da es in einer ländlichen Gegend von Wiltshire, England, liegt und nicht direkt mit dem Zug an eine größere Stadt angebunden ist. Es ist jedoch mit verschiedenen Verkehrsmitteln erreichbar: Zug, Bus, Auto, geführte Tour, Fahrrad und sogar zu Fuß, wenn Sie in der Nähe wohnen. Nachfolgend finden Sie einen detaillierten und aktuellen Reiseführer für Touristen aus Großbritannien und dem Ausland.

Mit dem Zug

Der nächstgelegene Bahnhof zu Stonehenge ist Salisbury, etwa 14 Kilometer vom Monument entfernt. Salisbury ist gut angebunden und bietet regelmäßige Verbindungen nach London Waterloo, der Hauptverbindung für die meisten Besucher aus der Hauptstadt. Die Zugfahrt von London dauert etwa 90 Minuten. Züge verkehren auch von Southampton, Exeter, Bath und Bristol, allerdings seltener.

Sobald Sie in Salisbury sind, können Sie Stonehenge aufgrund der Entfernung und der Straßenverhältnisse nicht direkt vom Bahnhof aus zu Fuß erreichen. Sie müssen vom Bahnhof aus ein zusätzliches Transportmittel nutzen, z. B. den lokalen Stonehenge-Tourbus, einen öffentlichen Bus, ein Taxi oder einen vorab gebuchten privaten Transfer. Der Stonehenge-Tourbus fährt regelmäßig vom Bahnhof Salisbury ab und hält am Besucherzentrum und in Old Sarum. Die Abfahrtszeit ist auf die Zugankünfte abgestimmt und beinhaltet verschiedene Eintrittskarten, was praktisch ist, wenn Sie den Eintritt nicht im Voraus gebucht haben.

Mit dem Reisebus

Mehrere Busunternehmen bieten Tagesausflüge nach Stonehenge von London, Bath und anderen großen Touristenstädten aus an. Dabei handelt es sich meist um organisierte Tagestouren, die die Anreise, Eintrittskarten und manchmal einen zusätzlichen Zwischenstopp wie Windsor Castle oder Bath beinhalten. Wenn Sie einen unkomplizierten Ansatz bevorzugen, bei dem Transport und Reiseplanung für Sie erledigt werden, sind diese Touren effizient und zeitsparend. Sie starten in der Regel frühmorgens von zentralen Orten und kehren am späten Nachmittag oder Abend zurück.

Für Individualreisende gibt es auch öffentliche Busse von Salisbury nach Amesbury (der nächstgelegenen Stadt zu Stonehenge). Von Amesbury aus müssen Sie entweder etwa 30–40 Minuten laufen oder ein Taxi nehmen, um das Besucherzentrum von Stonehenge zu erreichen. Diese Methode ist zwar günstiger, erfordert aber mehr Zeit und Aufwand, insbesondere bei einem engen Zeitplan.

Mit dem Auto

Eine Fahrt nach Stonehenge ist eine gute Option, wenn Sie Ihren Zeitplan selbst bestimmen oder die Fahrt mit einem Besuch nahegelegener Orte wie Bath, Avebury oder Salisbury kombinieren möchten. Stonehenge liegt direkt an der A303, die von London aus auf die Autobahn M3 führt. Von der Londoner

Innenstadt aus dauert die Fahrt je nach Verkehrslage etwa 2 bis 2,5 Stunden.

Am Besucherzentrum von Stonehenge befindet sich ein großer Parkplatz. Für Mitglieder von English Heritage und Inhaber einer gültigen Eintrittskarte ist das Parken kostenlos. Andernfalls fällt eine geringe Gebühr an. Kommen Sie frühzeitig, insbesondere im Sommer und an Wochenenden, da der Parkplatz schnell belegt ist. Nutzen Sie ein Navigationsgerät oder eine aktuelle Karten-App, da es in der Nähe der A303 während der Hauptverkehrszeiten und an Feiertagswochenenden zu Verkehrsstaus kommen kann.

Ein Geheimtipp: Vermeiden Sie die Anfahrt von Osten über die A303 während der Stoßzeiten, da es auf dieser Strecke oft zu Staus kommt. Die Anfahrt von Süden über Salisbury oder von Westen über Amesbury ist manchmal schneller.

Mit dem Taxi oder Privattransfer

Vom Bahnhof Salisbury oder Amesbury dauert eine Taxifahrt nach Stonehenge etwa 15 bis 20 Minuten. Dies ist eine zuverlässige Option, wenn Sie Menschenmassen vermeiden möchten oder wenig Zeit haben. Taxis stehen in der Regel am Bahnhof Salisbury zur Verfügung. In der Hochsaison empfiehlt es sich jedoch, im Voraus zu buchen. Einige private

Taxiunternehmen bieten auch Hin- und Rückfahrten inklusive Wartezeit an.

Für Besucher, die in Gruppen oder mit der Familie anreisen, kann ein privater Transfer im Vergleich zur Buchung mehrerer Zug- und Bustickets kostengünstiger sein. Private Mietwagen können von London oder jeder größeren Stadt aus gebucht werden. Manche bieten zusätzliche Zwischenstopps oder individuelle Fahrpläne an.

Mit dem Fahrrad

Wer in nahegelegenen Städten wie Salisbury oder Amesbury wohnt, kann mit dem Fahrrad nach Stonehenge fahren. Die Zufahrtsstraßen sind größtenteils asphaltiert, können aber stark befahren sein, insbesondere auf der A303, die für Radfahrer nicht sicher ist. Empfohlen wird die National Cycle Network Route 45, die durch Salisbury führt und über ruhigere Landstraßen nach Amesbury führt. Von Amesbury aus führen lokale Straßen und Reitwege zum Stonehenge-Gelände. Fahrräder können nicht im Stonehenge-Shuttlebus mitgenommen werden, es stehen jedoch Fahrradständer in der Nähe des Besucherzentrums zur Verfügung.

Zu Fuß

Obwohl ein Spaziergang nach Stonehenge von weiter entfernten Städten aus nicht empfohlen wird, entscheiden sich manche Besucher dafür, von Amesbury oder vom Parkplatz aus zu Fuß zu gehen, anstatt den Shuttle zu nehmen. Der Spaziergang vom Besucherzentrum zum Steinkreis ist etwa 3 Kilometer lang und dauert 25 bis 30 Minuten auf einem markierten Weg. Diese Route führt durch Teile der alten zeremoniellen Landschaft und eignet sich für alle, die einen intensiveren Zugang wünschen. Der Weg ist der Witterung ausgesetzt und bietet keinen Schutz, daher ist er nur bei gutem Wetter geeignet.

Überlegungen zur Barrierefreiheit

Stonehenge hat sich bemüht, Reisende mit eingeschränkter Mobilität zu unterstützen. Shuttlebusse vom Besucherzentrum zum Steinkreis sind für Rollstuhlfahrer zugänglich. Besucher mit Behinderungen sollten sich vorab mit der Stätte in Verbindung setzen, um spezielle Vereinbarungen zu treffen, insbesondere bei der Nutzung von Taxis oder privaten Verkehrsmitteln. Der Parkplatz verfügt über spezielle barrierefreie Stellplätze in der Nähe des Haupteingangs.

Reisehinweise und Empfehlungen

Buchen Sie Ihre Zug- oder Bustickets frühzeitig, wenn Sie im Sommer, an Wochenenden oder während der Sonnenwende anreisen. Wenn Sie mit dem Zug anreisen, sollten Sie die

Abfahrten am frühen Morgen von London aus anstreben, um genügend Zeit zu haben, nicht nur Stonehenge, sondern auch nahegelegene Orte wie Old Sarum oder die Kathedrale von Salisbury zu erkunden.

Bei Individualreisen kann die Kombination eines Besuchs in Stonehenge mit einer Übernachtung in Salisbury Stress reduzieren und Ihnen eine entspanntere Erkundung ermöglichen. Vermeiden Sie es, zu kurz vor Ihrem geplanten Einlasszeitpunkt anzukommen, insbesondere wenn Sie von einem anderen Verkehrsmittel umsteigen, da verspätete Ankünfte zur Verweigerung des Einlasses führen können.

Egal für welche Methode Sie sich entscheiden, denken Sie daran, dass das Denkmal etwa 3 Kilometer vom Besucherzentrum entfernt ist. Planen Sie daher Zeit für den Shuttle oder den Fußweg ein. Überprüfen Sie stets die Wettervorhersage und planen Sie entsprechend, insbesondere bei der Nutzung öffentlicher Verkehrsmittel, da Verspätungen Ihren Zeitplan beeinträchtigen können.

Unterkunftsführer

Übernachtungsmöglichkeiten in Salisbury, Amesbury und Umgebung

Bei der Planung eines Besuchs in Stonehenge kann die Wahl der richtigen Unterkunft entscheidend dazu beitragen, wie komfortabel Ihr Aufenthalt insgesamt wird. Die praktischsten Unterkünfte sind Salisbury, Amesbury und die umliegenden Dörfer in Wiltshire. Jeder Ort bietet unterschiedliche Unterkunftsmöglichkeiten – von günstigen Hotels über unabhängige Pensionen bis hin zu Ferienhäusern für Selbstversorger. Nachfolgend finden Sie einen detaillierten Leitfaden zu Unterkünften, die zu Ihrem Reisestil, Ihrem Budget und Ihrem Zeitplan passen.

Amesbury ist die nächstgelegene Stadt zu Stonehenge. Sie liegt etwas mehr als drei Kilometer vom Besucherzentrum entfernt und ist die beste Wahl für Reisende, die in der Nähe des Monuments übernachten möchten. Aufgrund der Nähe ist Amesbury besonders praktisch, wenn Sie zur Sonnenwende kommen oder Tickets für den frühen Morgen haben und keine Lust auf öffentliche Verkehrsmittel oder lange Fahrten haben. Obwohl Amesbury nicht groß ist, gibt es eine Handvoll zuverlässiger Übernachtungsmöglichkeiten. Dazu gehören lokal geführte Bed & Breakfasts mit persönlichem Service und Komfort. Einige bieten kostenlose Parkplätze, Frühstück und flexible Check-in-Zeiten. Es gibt auch Hotelketten, darunter preisgünstige Optionen, die sauber, ruhig und in der Nähe der Hauptstraßen gelegen sind und so gut erreichbar sind.

Wenn Sie ein modernes Hotel mit mehr Annehmlichkeiten bevorzugen, finden Sie einige Unterkünfte in der Nähe der Umgehungsstraße von Amesbury mit direktem Straßenanschluss an die A303 und nur wenige Minuten vom Stonehenge-Parkplatz entfernt. Diese Hotels bieten oft eigene Restaurants, Familienzimmer und manchmal auch Stonehenge-Pauschalangebote mit Eintrittskarten. Ein Vorteil eines Aufenthalts in Amesbury ist, dass Sie die Stätte zu Fuß, mit dem Fahrrad oder mit einer kurzen Taxifahrt erreichen können. So vermeiden Sie den Menschenmassen und den Verkehr, der sich später am Morgen durch Tagesausflügler von weiter her staut.

Salisbury ist eine größere Stadt, etwa 15 Kilometer südlich von Stonehenge, und bietet eine größere Auswahl an Unterkünften. Die Stadt beherbergt außerdem die Kathedrale von Salisbury und mehrere historische Sehenswürdigkeiten, was sie zu einem lohnenden Reiseziel macht. Für Besucher, die mit dem Zug anreisen, ist Salisbury am besten erreichbar. Zwischen London Waterloo und Salisbury verkehren regelmäßig Züge, und die

Fahrt dauert etwa 90 Minuten. Viele Reisende entscheiden sich aufgrund der Verkehrsanbindung, des fußgängerfreundlichen Stadtzentrums und der größeren Auswahl an Hotels, Pensionen und Restaurants für einen Aufenthalt in Salisbury.

Die Hotels in Salisbury reichen von günstig bis gehoben. Im Stadtzentrum finden Sie historische Gasthöfe, Boutique-Hotels und Kettenhotels. Diese eignen sich sowohl für kurze als auch für längere Aufenthalte und bieten oft kostenloses Frühstück, WLAN und Parkplätze. Einige historische Gebäude wurden zu Hotels oder Gasthöfen umgebaut, sodass Reisende an einem Ort mit architektonischem Charakter übernachten können. In der Nähe des Bahnhofs gibt es auch Mittelklassehotels, die besonders praktisch sind, wenn Sie den Stonehenge-Tourbus nutzen möchten, der Passagiere in der Nähe abholt und direkt zum Denkmal und Besucherzentrum bringt.

Wenn Sie in Salisbury übernachten, haben Sie Zugang zu mehr Restaurants, Supermärkten und Sehenswürdigkeiten. Das ist praktisch, wenn Sie mehr als einen Tag in der Gegend verbringen oder mit Kindern reisen. Der Nachteil ist die zusätzliche Reisezeit nach Stonehenge. Die Auto- oder Busfahrt von Salisbury nach Stonehenge dauert in der Regel 20 bis 25 Minuten. Im Sommer oder an Wochenenden kann der Verkehr in der Nähe der A303 zu leichten Verzögerungen führen. Wenn Sie das Monument früh am Tag besuchen möchten, sollten Sie genügend Zeit in Salisbury einplanen, um Ihren Einlass nicht zu verpassen.

Für Reisende, die eine ruhigere Umgebung oder ein ländlicheres Erlebnis bevorzugen, bietet die umliegende Landschaft von Wiltshire ebenfalls Unterkunftsmöglichkeiten. Mehrere kleine Dörfer und Weiler in der Nähe von Stonehenge bieten private Ferienhäuser, Bauernhöfe und Landgasthöfe. Diese sind ideal für Paare, kleine Gruppen oder Familien, die Platz, Privatsphäre und ein ruhigeres Tempo wünschen. Viele dieser Unterkünfte sind Selbstversorgerunterkünfte, d. h. die Gäste können ihre Mahlzeiten selbst zubereiten. Dies kann kostengünstig und praktisch sein, insbesondere wenn Sie die Umgebung um Stonehenge erkunden möchten.

Landgasthöfe und Bauernhöfe verfügen oft über Parkplätze und sind nur 10 bis 15 Autominuten vom Monument entfernt. Einige bieten auch Pakete für Wanderer, Radfahrer oder geschichtsinteressierte Reisende an, und viele vermitteln nützliche Einblicke in weniger besuchte Teile der Stonehenge-Landschaft, wie Woodhenge, Durrington Walls oder Cursus. Die größte Herausforderung bei einem Aufenthalt in ländlicher Umgebung ist die Notwendigkeit eines Autos. Öffentliche Verkehrsmittel in den Dörfern sind nur begrenzt verfügbar, und die Anreise zum Besucherzentrum kann ohne Fahrzeug schwierig sein. Wenn Sie planen, ein Auto zu mieten, ist ein

Aufenthalt in einem nahegelegenen Dorf eine ruhige und lohnende Alternative.

Für Alleinreisende oder Reisende mit knappem Budget bieten Salisbury und Amesbury Hostels oder günstige Hotelketten mit sauberen, einfachen Zimmern ohne Extras. Diese eignen sich gut für Übernachtungen und bieten eine gute Anbindung an den öffentlichen Nahverkehr. Für Gruppen oder Familien bieten Selbstversorgerunterkünfte auf dem Land ein besseres Preis-Leistungs-Verhältnis pro Person und den Vorteil einer Küche, mehrerer Schlafzimmer und Außenbereich.

Berücksichtigen Sie bei der Wahl Ihrer Unterkunft Ihre Prioritäten. Wenn die Nähe zum Monument wichtig ist, ist Amesbury die beste Wahl. Wenn Sie mehr Abwechslung in Bezug auf Restaurants, Geschäfte und lokale Aktivitäten wünschen, ist Salisbury die bessere Wahl. Für mehr Privatsphäre und ländlichen Charme bieten die umliegenden Dörfer die entspannteste Umgebung, benötigen aber ein Auto. In geschäftigen Zeiten wie den Schulferien und Sonnenwende-Veranstaltungen sind die Unterkünfte in der Nähe von Stonehenge oft ausgebucht, daher ist eine frühzeitige Buchung dringend zu empfehlen.

Suchen Sie überall nach Unterkünften, die eine kostenlose Stornierung anbieten, falls sich Ihre Pläne ändern, und prüfen

Sie, ob Frühstück, Parkgebühren und Ermäßigungen für Stonehenge-Tickets inbegriffen sind. Unabhängig von Ihrer Wahl können Sie die Stätte in Ruhe genießen, wenn Sie in der Gegend übernachten, insbesondere wenn Sie frühmorgens anreisen, bevor sich der Andrang aufbaut.

Luxushotels

1. Holiday Inn Salisbury – Stonehenge (IHG)

* Adresse: Mid Summer Place, Solstice Park, Amesbury SP4 7SQ
* Ausstattung: 4-Sterne-Hotel, klimatisierte Zimmer, Solstice Bar & Grill, kostenloses WLAN, kostenlose Parkplätze, Business-Einrichtungen
* Angebote: Stonehenge-Erlebnispakete inklusive Eintritt und Mahlzeiten
* Preisspanne: 120 – 180 £ pro Nacht
* Kontakt: +44 (0)1980 677467

2. Bishopstrow Hotel & Spa

* Adresse: Boreham Rd, Warminster BA12 9HH (ca. 40 Autominuten von Stonehenge entfernt)

* Ausstattung: Landgut mit Spa, Innen-/Außenpools, Luxusrestaurants, Wellness-Angeboten
* Angebote: Spa-Behandlungen, gehobene Küche, romantische Wochenendaufenthalte
* Preisspanne: 200 – 350 £ pro Nacht
* Kontakt: +44 (0)1985 804680

3. Whatley Manor Hotel & Spa

* Adresse: Easton Grey, Malmesbury SN16 0RB (ca. 1 Stunde Fahrt)
* Ausstattung: Michelin-Sterne-Restaurant, Spa, gepflegte Gärten, historisches Gebäude
* Angebote: Gourmet-Pakete, Spa-Wochenenden, Nachmittagstee
* Preisspanne: 300 – 500 £ pro Nacht
* Kontakt: +44 (0)1666 822888

4. Lucknam Park Hotel & Spa

* Adresse: Lucknam Park, Colerne, Chippenham SN14 8AZ
* Ausstattung: 5-Sterne-Landhaushotel mit Reitzentrum, Spa, Tennis und gehobener Küche
* Angebote: Full-Service-Luxusaufenthalte mit Paketen für Paare und Familien
* Preisspanne: 350 £ – 600 £ pro Nacht
* Kontakt: +44 (0)1225 742777

Mittelklassehotels

1. Mercure Salisbury White Hart Hotel

* Adresse: 1 St John St, Salisbury SP1 2SD
* Ausstattung: Hotel im Stadtzentrum mit Bar, Restaurant, Parkplatz, WLAN
* Preisspanne: 85 £ – 110 £ pro Nacht
* Kontakt: +44 (0)1722 327476

2. Milford Hall Hotel

* Adresse: 206 Castle St, Salisbury SP1 3TE
* Ausstattung: Boutique-Hotel mit Restaurant, Parkplatz, Business-Annehmlichkeiten
* Preisspanne: 90 – 120 £ pro Nacht
* Kontakt: +44 (0)1722 417411

3. Der Kapitelsaal

* Adresse: 9–13 St John's St, Salisbury SP1 2SB
* Besonderheiten: Historisches Boutique-Hotel, in der Nähe von Kathedrale und Bahnhof, Bar und Essbereich
* Preisspanne: 100 – 140 £ pro Nacht

* Kontakt: +44 (0)1722 505337

4. Das Merchant's House Hotel

* Adresse: 29-31 Milford St, Salisbury SP1 2AP
* Ausstattung: Zentral gelegen, Parkplätze vor Ort, traditionelle Zimmer mit moderner Ausstattung
* Preisspanne: 100 – 130 £ pro Nacht
* Kontakt: +44 (0)1722 341241

Günstige Unterkünfte

1. Travelodge Amesbury Stonehenge

* Adresse: A303 Countess Services, Amesbury SP4 7AS
* Ausstattung: Budget-Kettenhotel mit Zimmern mit Bad, Familienzimmern, kostenlosen Parkplätzen
* Preisspanne: 60 – 90 £ pro Nacht
* Kontakt: 08719 846246 (UK Travelodge Buchungshotline)

2. Best Western Red Lion Hotel

* Adresse: 4 Milford St, Salisbury SP1 2AN
* Ausstattung: Eines der ältesten Hotels Englands, Restaurant vor Ort, Bar, Innenhof

* Preisspanne: 80 – 100 £ pro Nacht
* Kontakt: +44 (0)1722 323334

3. Premier Inn Salisbury North

* Adresse: Pearce Way, Salisbury SP1 3GU
* Features: Vor-Ort-Pub und Restaurant, kostenlose Parkplätze, familienfreundlich
* Preisspanne: 70 – 95 £ pro Nacht
* Kontakt: 0333 321 9189 (UK Premier Inn Buchung)

4. Das Antrobus Hotel

* Adresse: 15 Church St, Amesbury SP4 7EU
* Ausstattung: Garten, Pub, hundefreundlich, Restaurant und Frühstücksservice
* Preisspanne: 85 £ – 105 £ pro Nacht
* Kontakt: +44 (0)1980 623163

Umweltfreundliche Gasthöfe auf dem Land

1. Stonehenge Cottages

* Adresse: Berwick St James, Salisbury SP3 4TQ

* Ausstattung: Lage am Flussufer, Selbstverpflegung, luxuriöse Ausstattung, Grillplatz, private Terrasse
* Preisspanne: 150 £ – 220 £ pro Nacht
* Kontakt: +44 (0)1980 620646

2. Helen Brownings Royal Oak

* Adresse: Cues Ln, Bishopstone, Swindon SN6 8PP
* Besonderheiten: Bio-Bauernhof, Zimmer und Glamping-Optionen, Pub mit Produkten vom Bauernhof
* Preisspanne: 100 £ pro Zimmer, Camping und Glamping ab 50 £
* Kontakt: +44 (0)1793 790481

3. Das Zeichen des Engels
* Adresse: 6 Church St, Lacock, Chippenham SN15 2LB
* Besonderheiten: Historisches Gasthaus aus dem 15. Jahrhundert, klassisches englisches Dekor, Restaurant vor Ort
* Preisspanne: 90 – 140 £ pro Nacht
* Kontakt: +44 (0)1249 730230

4. Das Compasses Inn
* Adresse: Lower Chicksgrove, Tisbury, Salisbury SP3 6NB
* Besonderheiten: Traditionelles Pub mit Zimmern, lokale Küche, ländliche Umgebung
* Preisspanne: 90 – 120 £ pro Nacht
* Kontakt: +44 (0)1722 714318

Familienfreundliche Unterkünfte

1. Stonehenge Inn & Shepherds Huts

* Adresse: 2 Stonehenge Rd, Durrington, Salisbury SP4 8BN
* Ausstattung: Hütten mit Heizung und WLAN, Restaurant, Kindermenü, Biergarten
* Preisspanne: 110 – 160 £ pro Nacht
* Kontakt: +44 (0)1980 620445

2. Woolley Grange Hotel

* Adresse: Woolley Green, Bradford-on-Avon BA15 1TX
* Ausstattung: Familienresort mit Kinderkrippe, Hallenbad, Spielzimmer, Spa, Gartenspielplatz
* Preisspanne: 200 – 300 £ pro Nacht
* Kontakt: +44 (0)1225 864705

3. Das George Hotel

* Adresse: High St, Amesbury SP4 7ET
* Besonderheiten: Traditionelles Gasthaus mit Familienzimmern, haustierfreundlich, Pub-Essen
* Preisspanne: 100 – 150 £ pro Nacht
* Kontakt: +44 (0)1980 622108

4. Unterkunft auf der Cholderton Rare Breeds Farm

* Adresse: Amesbury Rd, Cholderton, Salisbury SP4 0EW
* Besonderheiten: Familien-Bauernhofaufenthalt, Schlafsaal und Privatzimmer, direkter Zugang zum Bauernhof
* Preisspanne: 80 – 130 £ pro Nacht
* Kontakt: +44 (0)1980 629438

Ferienwohnungen und Serviced Apartments

1. Peartree Serviced Apartments

* Adresse: 17-19 Mill Rd, Salisbury SP2 7RT
* Ausstattung: Studio- und 1-Zimmer-Apartments, Küche, Waschküche, Parkplatz
* Preisspanne: 160 – 200 £ pro Nacht
* Kontakt: +44 (0)1722 413333

2. Stallhaus in der Druidenloge

* Adresse: Druid's Lodge, Salisbury SP4 6AB
* Ausstattung: Selbstverpflegung, Blick auf die Landschaft, Küche, 2–3 Schlafzimmer
* Preisspanne: 150 – 250 £ pro Nacht
* Kontakt: +44 (0)1980 626382

3. Avon Turn Barn

* Adresse: Stratford Sub Castle, Salisbury SP1 3LL
* Ausstattung: Ein-Zimmer-Hütte, Garten, privater Zugang, ruhige Lage
* Preisspanne: 130 – 160 £ pro Nacht
* Kontakt: Erhältlich über lokale Ferienvermietungsagenturen

4. Amesbury Gartenwohnung

* Adresse: Stadtzentrum von Amesbury
* Ausstattung: Apartment mit Kochnische, in der Nähe von Geschäften und Bushaltestellen
* Preisspanne: 100 – 130 £ pro Nacht
* Kontakt: Gelistet über lokale Kurzzeitmietanbieter

Weitere Optionen

Camping und Glamping

* Helen Browning's Farm, Cholderton Farm Park und andere Campingplätze auf dem Land bieten einfache Campingmöglichkeiten und Luxuszelte für saisonale Aufenthalte. Die Preise reichen von 20 £ für Zeltplätze bis zu 100 £ für möbliertes Glamping.

Historische Anwesen

* Für Gäste, die bereit sind, 40 bis 60 Minuten von Stonehenge zu fahren, bieten Anwesen wie Lucknam Park und Whatley Manor umfassende Spa-Erlebnisse, gehobene Küche und geführte Aktivitäten wie Reiten und Naturwanderungen.

Dieser Reiseführer bietet Unterkünfte für unterschiedliche Bedürfnisse – ob für Alleinreisende, Paare, Familien oder Gruppen – vom einfachen Aufenthalt bis zum unvergesslichen Ausflug aufs Land. Informieren Sie sich immer im Voraus über Preise und Verfügbarkeit, insbesondere während der Sonnenwende, Feiertage oder der Hauptreisezeit von Mai bis September.

Stonehenge verstehen

Geschichte und Zeitleiste: Wer hat es gebaut und warum

Stonehenge ist eines der am besten erforschten prähistorischen Monumente der Welt, doch sein genauer Zweck und die Identität seiner Erbauer sind teilweise noch ungewiss. Bisherige Erkenntnisse stammen aus archäologischen Ausgrabungen, der Radiokarbondatierung und der Analyse der umgebenden Landschaft. Der Bau von Stonehenge erfolgte in mehreren Phasen und begann vor über 5.000 Jahren. In jeder Phase wurde die Struktur erweitert oder verändert, da verschiedene Kulturgruppen zu ihrer Entwicklung beitrugen.

Die frühesten bekannten Aktivitäten an diesem Ort datieren auf etwa 8000 v. Chr. zurück, als mesolithische Jäger und Sammler Holzpfosten in dem Gebiet aufstellten, lange bevor der Steinkreis selbst errichtet wurde. Die eigentlichen Anfänge von Stonehenge als zeremonielle Stätte liegen jedoch um 3100 v. Chr. Damals errichteten die Menschen der Jungsteinzeit eine kreisförmige Graben- und Wallanlage, einen sogenannten Henge, mit einer zentralen ebenen Fläche von etwa 100 Metern Durchmesser. In dieser frühen Phase gab es noch keine Steine. Innerhalb des Grabens befanden sich eine Reihe von Gruben, die heute als Aubrey-Löcher bekannt sind und nach dem Altertumsforscher John Aubrey benannt sind, der sie im 17. Jahrhundert dokumentierte. Darin könnten Holzpfosten oder Steine gestanden haben, und in einigen von ihnen gefundene eingeäscherte menschliche Überreste lassen darauf schließen, dass sie zu Bestattungszwecken genutzt wurden.

In der zweiten großen Phase um 2900 bis 2600 v. Chr. wurden Holzkonstruktionen eingeführt und weiterhin Bestattungen durchgeführt. Erst um 2500 v. Chr. tauchten die ersten großen Steine – Sarsen- und Blausteine – an der Stätte auf. Die Sarsensteine sind eine Sandsteinart, die vermutlich aus den etwa 25 Kilometer nördlich gelegenen Marlborough Downs herantransportiert wurde. Jeder dieser Steine wiegt etwa 25 Tonnen. Die kleineren Blausteine, die zwischen 2 und 5 Tonnen wiegen, wurden aus den Preseli Hills in Südwestwales herangeschafft, eine Reise von über 240 Kilometern. Der Transport dieser Steine ohne moderne Werkzeuge oder Fahrzeuge ist bis heute eine der am meisten erforschten technischen Herausforderungen der prähistorischen Archäologie.

Der ikonische Steinkreis, wie er heute zu sehen ist, wurde während dieser Hauptphase um 2500 v. Chr. angelegt. Er umfasst den äußeren Kreis aus Sarsensteinen mit horizontalen Stürzen und das innere Hufeisen aus fünf Trilithen – zwei aufrecht stehenden Steinen mit einem Sturz darüber. Im Inneren der Anlage liegt der sogenannte Altarstein flach auf dem Boden und besteht aus einer anderen Gesteinsart, die möglicherweise aus Wales stammt. Die Ausrichtung des Kreises auf den Sonnenaufgang zur Sommersonnenwende und den Sonnenuntergang zur Wintersonnenwende ist bewusst gewählt und könnte eine religiöse oder saisonale Bedeutung gehabt haben.

Nach 2000 v. Chr. entwickelte sich das Monument weiter. Weitere Blausteine wurden an andere Stellen verlegt, einige Steine entfernt oder wiederverwendet. Um 1600 v. Chr. waren die Hauptbauarbeiten abgeschlossen. Spätere Aktivitäten an der Stätte waren weniger baulicher, sondern eher zeremonieller Natur. Dies deutet darauf hin, dass Stonehenge noch viele Generationen lang für Versammlungen, Rituale und Bestattungen genutzt wurde.

Auf die Frage, wer Stonehenge erbaute, gibt es keine eindeutige Antwort. Die Menschen, die die frühesten Teile des Monuments errichteten, waren neolithische Bauern, die in organisierten Gemeinschaften lebten. Sie verfügten bereits über Kenntnisse in der Holzverarbeitung, Töpferei und im Monumentenbau, wie andere neolithische Stätten in ganz Großbritannien zeigen. Spätere Erweiterungen von Stonehenge beruhten wahrscheinlich auf der Zusammenarbeit verschiedener regionaler Gruppen. Neuere Studien deuten darauf hin, dass der Bau von Stonehenge die koordinierte Arbeit von Hunderten, möglicherweise Tausenden von Menschen über viele Jahre hinweg erforderte. Es gibt Hinweise auf große Feste in der Nähe, in Durrington Walls, die möglicherweise als Stützpunkt für Arbeiter und ihre Familien dienten.

Der Grund für den Bau von Stonehenge ist noch immer umstritten. Theorien besagen, dass es als Begräbnisstätte, Sonnenkalender, zeremonieller Versammlungsort oder Heilstätte genutzt wurde. Seine Ausrichtung auf die Sonnenwende und seine Verbindung mit anderen Monumenten in der Umgebung lassen darauf schließen, dass es mehrere Funktionen hatte – spirituell, astronomisch und sozial. Gräber an der Stätte zeigen, dass sie eine bedeutende Rolle in Bezug auf Tod und Erinnerung spielte, doch ihre Größe und Komplexität lassen darauf schließen, dass sie mehr als nur ein Friedhof war.

Stonehenge wurde in mehreren Etappen über mehr als tausend Jahre von neolithischen und frühbronzezeitlichen Gemeinschaften erbaut. Der Bau erforderte den Ferntransport massiver Steine, sorgfältige Planung und die Zusammenarbeit der Gemeinschaft. Obwohl viele Details noch ungewiss sind, erfüllte das Monument im prähistorischen Großbritannien eindeutig wichtige zeremonielle und soziale Funktionen und hat bis heute kulturelle Bedeutung.

Theorien: Astronomie, Religion und Begräbnisstätten

Es gibt mehrere Haupttheorien über den Zweck von Stonehenge. Dazu gehören seine Nutzung als astronomisches Observatorium, als religiöser oder zeremonieller Ort und als Begräbnisstätte. Diese Erklärungen schließen sich zwar nicht gegenseitig aus, basieren aber jeweils auf archäologischen Funden, räumlichen Analysen und Vergleichen mit anderen antiken Bauwerken. Keine einzelne Theorie kann das Monument vollständig erklären, doch jede gibt Aufschluss darüber, wie es in verschiedenen Nutzungsperioden genutzt wurde.

Die astronomische Theorie wird durch die Ausrichtung des Denkmals am Sonnenkalender gestützt. Die auffälligste Ausrichtung ist die mit dem Sonnenaufgang zur Sommersonnenwende und dem Sonnenuntergang zur Wintersonnenwende. Am längsten Tag des Jahres geht die Sonne direkt über dem Heel Stone auf und scheint in die Mitte des Kreises. Am kürzesten Tag geht sie in die entgegengesetzte

Richtung unter. Diese Ausrichtungen sind kein Zufall und erforderten präzise Planung und Beobachtung. Die Erbauer kannten offensichtlich den Sonnenzyklus, und die Steine dienten möglicherweise als feste Bezugspunkte zur Zeitmessung und zur Orientierung der Jahreszeiten.

Einige Forscher glauben, dass Stonehenge als Kalender gedient haben könnte. Die Platzierung der Steine und die Abstände zwischen ihnen könnten zur Vorhersage von Sonnenwenden, Tagundnachtgleichen oder Mondereignissen genutzt worden sein. Dieses Wissen wäre für eine Agrargesellschaft wertvoll gewesen, die für ihre Landwirtschaft, Viehzucht und das Sammeln auf jahreszeitliche Veränderungen angewiesen war. Im Gegensatz zu modernen Observatorien gibt es jedoch keine Hinweise darauf, dass Stonehenge für tägliche oder nächtliche Beobachtungen genutzt wurde. Seine astronomische Nutzung beschränkte sich wahrscheinlich auf wichtige jährliche Ereignisse wie Sonnenwenden oder Finsternisse und nicht auf die detaillierte Sternenbeobachtung.

Die religiöse oder zeremonielle Theorie betrachtet Stonehenge als heiligen Versammlungsort. Die Größe der Steine, der Aufwand für ihren Transport und die Komplexität der Anlage deuten auf einen Ort von großer Bedeutung hin. Viele Archäologen glauben, dass das Bauwerk für Rituale oder saisonale Feste genutzt wurde, die mit der Sonne, den

Vorfahren oder dem Kreislauf von Leben und Tod in Verbindung standen. Seine Verbindung mit den Durrington Walls und anderen nahegelegenen neolithischen Bauwerken deutet darauf hin, dass Stonehenge Teil einer größeren zeremoniellen Landschaft war. Dieses Gebiet könnte für Prozessionen, gemeinschaftliche Feste oder Riten genutzt worden sein, die die Lebenden mit den Toten verbanden.

Einige Elemente der Stätte, wie die Kreisform und der kreisförmige Graben und Wall, ähneln Merkmalen anderer Henge-Monumente in ganz Großbritannien. Diese Art von Strukturen wird allgemein als gemeinschaftliche Ritualräume interpretiert. Die Trennung zwischen dem inneren Steinkreis und dem äußeren Erdwerk deutet auf einen Raum hin, der für bestimmte Aktivitäten konzipiert und möglicherweise nur bestimmten Teilnehmern vorbehalten war.

Die Theorie der Gräberfelder wird durch eindeutige archäologische Funde gestützt. Menschliche Überreste, hauptsächlich Brandbestattungen, wurden in und um Stonehenge entdeckt, insbesondere in den Aubrey Holes und im Graben. Diese Überreste stammen aus der frühen Phase der Nutzung des Geländes um 3000 v. Chr. Die Menge und sorgfältige Platzierung dieser Brandbestattungen deuten darauf hin, dass das Gebiet zumindest in seiner frühen Geschichte als Begräbnisstätte diente. Spätere Ergänzungen der Stätte enthalten keine Bestattungen, doch die Verbindung zwischen Stonehenge und dem Tod scheint weiterhin wichtig zu sein. Die Positionierung der Steine und ihre Ausrichtung auf die untergehende Sonne während der Wintersonnenwende könnten eine symbolische Verbindung zum Kreislauf von Tod und Wiedergeburt widerspiegeln.

Einige Wissenschaftler argumentieren, dass Stonehenge ein Denkmal für die Toten gewesen sein könnte, errichtet nicht nur zur Aufbewahrung sterblicher Überreste, sondern auch zu Ehren wichtiger Persönlichkeiten oder Vorfahren. Die Wahl des Steins, der dauerhafter und schwieriger zu bearbeiten ist als Holz, könnte einen Übergang von der Welt der Lebenden zur Welt der Toten darstellen. Im Gegensatz dazu werden nahegelegene Holzbauten, wie Woodhenge, oft als Räume für die Lebenden interpretiert. Der Kontrast zwischen Stein und Holz sowie zwischen kreisförmigen und linearen Grundrissen könnte in prähistorischen Glaubenssystemen eine symbolische Bedeutung gehabt haben.

Neben diesen Haupttheorien wurden im Laufe der Jahre weitere Interpretationen vorgeschlagen. Einige gehen davon aus, dass Stonehenge heilende Kräfte besaß, insbesondere weil die aus Wales mitgebrachten Blausteine wegen ihrer angeblichen Heilkraft geschätzt wurden. Diese Theorie basiert unter anderem darauf, dass einige der Gräber rund um die Stätte

Personen mit körperlichen Verletzungen oder Krankheiten enthielten. Die Belege für Stonehenge als Heilzentrum sind jedoch begrenzt und bleiben spekulativ.

Die am weitesten verbreitete Ansicht ist, dass Stonehenge im Laufe der Zeit mehreren Zwecken diente. Es begann als Begräbnisstätte, entwickelte sich zu einer zeremoniellen und möglicherweise religiösen Stätte und enthielt astronomische Merkmale, die wichtige saisonale Ereignisse strukturierten. Es hatte wahrscheinlich eine symbolische Bedeutung, die weit über das hinausgeht, was heute vollständig verstanden werden kann, und diente als soziales und spirituelles Zentrum für die Gemeinschaften, die es über Hunderte von Jahren errichteten und pflegten.

Bautechniken und Megalithtransport

Der Bau von Stonehenge erforderte erheblichen Aufwand, Planung sowie Material- und Ingenieurskenntnisse. Der Prozess erstreckte sich über mehrere Phasen zwischen etwa 3000 v. Chr. und 1600 v. Chr., wobei die bedeutendste Bauzeit des Steinmonuments um 2500 v. Chr. stattfand. In Stonehenge gibt es zwei Hauptarten von Steinen: die größeren Sarsensteine und die kleineren Blausteine. Beide Steinarten mussten beschafft, über weite Strecken transportiert, geformt und präzise angeordnet werden. Die verwendeten Methoden zeugen von einem hohen Maß an Organisation. Obwohl keine schriftlichen Aufzeichnungen existieren, stammt ein Großteil des Wissens aus der Archäologie, experimentellen Rekonstruktionen und Landschaftsstudien.

Die Sarsensteine sind eine Art harter Sandstein, der aus den Marlborough Downs stammt, etwa 25 Kilometer nördlich von Stonehenge. Diese Steine sind massiv; einige wiegen bis zu 25 Tonnen und sind über 4 Meter hoch. Das Bewegen derart großer Steine ohne Räder oder moderne Werkzeuge erforderte ein gut koordiniertes Arbeitseinsatz und effiziente Transporttechniken. Die meisten Forscher glauben, dass die Steine mit hölzernen Schlitten auf Holzrollen gezogen wurden. Die Schlitten wurden von mehreren Personen mithilfe von Seilen aus Pflanzenfasern oder Tierhäuten gezogen. Das Gelände zwischen Marlborough Downs und Stonehenge ist uneben, sodass die Erbauer provisorische Wege anlegen und sumpfige Bereiche möglicherweise mit Holzbrettern oder Reisig befestigen mussten.

Auch der Wassertransport wurde als Transportmethode vorgeschlagen, insbesondere für einen Teil der Route. Der Sarsentransport erfolgte jedoch aufgrund des fehlenden durchgehenden Wasserwegs und des enormen Gewichts der Steine eher über Land. Die Anzahl der zum Transport eines

Sarsensteins benötigten Personen wird auf mehrere Hundert geschätzt, abhängig von den Oberflächenbedingungen und der Neigung des Geländes.

Die kleineren Blausteine, die jeweils zwischen 2 und 5 Tonnen wogen, stammten aus den Preseli Hills in Südwestwales, über 240 Kilometer von Stonehenge entfernt. Der Transport dieser Steine über eine so weite Strecke war ein gewaltiges Unterfangen. Es gibt zwei Haupttheorien. Die eine besagt, dass die Steine ausschließlich über Land mithilfe von Schlitten und Rollen bewegt wurden. Dazu mussten Flüsse, Täler und Hügel überquert werden, was langfristige Planung und Rastplätze erforderte. Die zweite Theorie geht von einer Kombination aus Land- und Wassertransport aus. Die Blausteine könnten an die Küste geschleppt, auf Flöße oder Boote verladen und entlang der walisischen Küste die Severn-Mündung hinauf und dann über Flüsse und wieder über Land ins Landesinnere transportiert worden sein. Beide Theorien sind plausibel, doch keine der beiden konnte endgültig bewiesen werden.

Experimentelle Archäologieprojekte haben versucht, den Transportprozess mit lokal verfügbaren Materialien und menschlicher Arbeitskraft nachzubilden. Diese Experimente zeigten, dass es physikalisch möglich ist, solche Steine mit einfachen Werkzeugen zu bewegen. Allerdings ist die Aufgabe arbeitsintensiv und hätte für jede Steingruppe wochen- oder monatelangen, kontinuierlichen Einsatz erfordert.

Sobald die Steine an der Baustelle angekommen waren, mussten sie bearbeitet und in Position gebracht werden. Insbesondere die Sarsensteine weisen Spuren sorgfältiger Bearbeitung mit Steinwerkzeugen auf. Die Bauarbeiter schufen Zapfenverbindungen – ineinandergreifende Verbindungen, die in die Oberseite der stehenden Steine und die Unterseite der horizontalen Stürze geschnitzt wurden. Diese Technik gewährleistete den sicheren Halt der Stürze. Die Stürze wurden dann mithilfe von Holzgerüsten, Erdrampen oder einer Kombination aus beidem aufgesetzt. Die Steine wurden wahrscheinlich schrittweise angehoben, indem man sie auf eine Holzplattform legte und Erd- oder Holzstützen aufbaute, bis sie aufrecht in vorgegrabene Löcher gekippt werden konnten.

Die für die aufrecht stehenden Steine gegrabenen Löcher waren breit und tief genug, um das Gewicht der Steine nach dem Einsetzen zu tragen. Der Boden des Lochs wurde manchmal mit kleineren Steinen oder Schutt gefüllt, um den Sockel zu stabilisieren. Der Boden um den Sockel herum wurde verfüllt und verdichtet, um den Stein fest aufrecht zu halten. Um die genaue Ausrichtung des Kreises und den Abstand der Steine zu erreichen, waren Vermessungstechniken erforderlich, möglicherweise mit einfachen Schnüren, Holzpfählen und Abschreiten.

Der Grundriss von Stonehenge ist bemerkenswert präzise: Die Steine sind kreisförmig und hufeisenförmig angeordnet, und die gesamte Struktur ist an den Sonnenbewegungen ausgerichtet. Diese Präzision lässt darauf schließen, dass die Erbauer geometrische Kenntnisse hatten und Methoden zur Markierung gerader Linien und Winkel entwickelt hatten. Die Symmetrie und Einheitlichkeit des gesamten Geländes lassen auf sorgfältige Planung und langfristige Koordination schließen, möglicherweise durch Personen mit spezifischem Wissen oder Status innerhalb ihrer Gemeinschaft.

Neben dem Hauptkreis umfasst die Stätte auch kleinere Gruben, Gräben und Wälle, die mit Geweihhacken und Steinwerkzeugen ausgehoben wurden. Diese Erdarbeiten hätten Wochen gedauert und erforderten mehrere Teams, die gruben, Erde bewegten und die umgebende Landschaft gestalteten.

Der Bau von Stonehenge war ein komplexer Prozess, der mehrere Phasen, erheblichen menschlichen Arbeitseinsatz und hochentwickelte Techniken für den Transport, die Formgebung und die Platzierung der Steine umfasste. Die Erbauer arbeiteten ohne Metallwerkzeuge oder Räder, doch es gelang ihnen, ein

Monument zu schaffen, das auch nach Tausenden von Jahren noch strukturell und symbolisch bedeutsam ist. Ihr Erfolg beruhte auf Zusammenarbeit, Kenntnis der Umwelt und beharrlicher Anstrengung über viele Generationen hinweg.

Grundriss und Ausrichtung des Steinkreises

Der Grundriss des Steinkreises von Stonehenge ist bewusst und strukturiert und spiegelt eine Kombination aus technischer Präzision und symbolischer bzw. praktischer Ausrichtung wider. Das Monument wurde nicht in einer einzigen Phase errichtet, sondern die markantesten Merkmale des Steinkreises entstanden um 2500 v. Chr. während der dritten Hauptbauphase. Die Steine sind konzentrisch angeordnet, wobei jedes Element hinsichtlich Abstand, Größe und Richtung eine klare Beziehung zu den anderen aufweist.

Das markanteste Merkmal ist der äußere Sarsenkreis, der aus aufrecht stehenden Sandsteinblöcken besteht, die einen nahezu perfekten Ring bilden. Diese Steine sind etwa vier Meter hoch und wiegen jeweils rund 25 Tonnen. Darauf liegen horizontale Steine, sogenannte Stürze, die sorgfältig geformt und mit Zapfenverbindungen befestigt wurden. Die Stürze bilden einen durchgehenden Ring und zeigen, dass die Erbauer in der Lage waren, horizontale Ebenen über große Spannweiten hinweg zu schaffen und aufrechtzuerhalten. Einige Abschnitte des äußeren Rings fehlen heute aufgrund von Einstürzen oder der Entfernung von Steinen im Laufe der Jahrhunderte, doch die verbleibenden Teile zeigen deutlich die ursprüngliche kreisförmige Gestaltung.

Innerhalb des Sarsenkreises befindet sich eine Hufeisenanordnung aus fünf Trilithen. Jeder Trilith besteht aus zwei aufrecht stehenden Sarsensteinen mit einem darüberliegenden horizontalen Sturz. Diese Steine sind höher und schwerer als die im äußeren Ring; der größte ist über sieben Meter hoch. Die Trilithen sind hufeisenförmig angeordnet und öffnen sich nach Nordosten, in Richtung des Sonnenaufgangs zur Sommersonnenwende. Der größte Trilith steht in der Mitte und bildet den Mittelpunkt dieser Anordnung. Größe und Anordnung der Steine lassen darauf schließen, dass diese innere Struktur der wichtigste Teil der Anlage war und möglicherweise für Zeremonien oder Beobachtungen genutzt wurde.

Um den Sarsenkreis herum befinden sich Blausteine, kleinere Steine aus Südwestwales. Diese wurden in einem inneren Kreis und zusätzlich in einem Bogen oder Oval innerhalb des Hufeisens angeordnet. Die genaue Anzahl und Positionierung der Blausteine änderte sich im Laufe der Zeit, da die

Baumeister sie in späteren Phasen verschoben und neu anordneten. Ihre Einbeziehung in die Anordnung zeugt von der bewussten Bemühung, verschiedene Steinarten aus verschiedenen Quellen in ein einheitliches Design zu integrieren.

Einer der bedeutendsten Aspekte des Stonehenge-Grundrisses ist seine Ausrichtung auf Himmelsereignisse, insbesondere die Sonnenwenden. Das gesamte Monument ist so ausgerichtet, dass die Hauptachse von Nordosten nach Südwesten verläuft. Zur Sommersonnenwende geht die Sonne im Nordosten auf und ist vom Mittelpunkt des Kreises aus direkt über dem Heel Stone zu sehen, der knapp außerhalb der Erdwälle steht. Dadurch entsteht eine direkte Sichtlinie vom Altarstein durch den zentralen Trilithen zum Heel Stone. In der entgegengesetzten Richtung markiert dieselbe Achse den Sonnenuntergang zur Wintersonnenwende. Diese Ausrichtung ist kein Zufall, sondern ein sorgfältig geplantes Element der Monumentkonstruktion.

Der Heel Stone ist ein großer, aufrecht stehender Stein, der allein außerhalb des Hauptkreises an der Nordostseite des Denkmals steht, ungefähr auf Höhe der Allee, die zum Fluss Avon führt. Seine Position spielt eine Rolle bei der Ausrichtung der Sonnenwende und markierte möglicherweise den Punkt am Horizont, an dem die Sonne im Hochsommer aufging. Ein heute fehlender Begleitstein könnte ihm einst gegenüber gestanden haben und eine Art Sonnenkorridor gebildet haben.

Der Altarstein, der in der Mitte des Kreises liegt, ist ein anderer Steintyp und spielte vermutlich eine zeremonielle oder symbolische Rolle. Er liegt heute flach und teilweise vergraben. Seine genaue ursprüngliche Position und Funktion sind ungewiss, aber er ist auf die Mittelachse und die Hauptsichtlinie der Sonnenwende ausgerichtet.

Der umgebende Erdwall – ein Graben und ein Wall – bildet die äußere Grenze des Stonehenge-Komplexes. Dieses kreisförmige Bauwerk mit einem Durchmesser von etwa 110 Metern umschließt die Steinstrukturen. Die Eingänge zum Henge verlaufen entlang der Hauptachse des Monuments, was die bewusste Ausrichtung des Geländes unterstreicht. Diese Grenze trennte den inneren Bereich, der wahrscheinlich bestimmten Aktivitäten oder Personen vorbehalten war, von der weiteren Landschaft.

Neben den Steinstrukturen deuten Merkmale wie die Allee, die Stonehenge mit dem Fluss Avon verbindet, und andere Zeremonien- und Begräbnisstätten in der Umgebung darauf hin, dass das Monument Teil einer größeren rituellen Landschaft war. Die Ausrichtung und Anordnung dieser Merkmale deutet auf ein umfassenderes Bewegungs- und

Beobachtungssystem hin, das an natürliche Zyklen gebunden war.

Der Grundriss und die Ausrichtung des Steinkreises von Stonehenge wurden sorgfältig geplant und nutzten dabei Kenntnisse in Geometrie, Astronomie und lokaler Geographie. Die Ausrichtung auf die Sonnenwenden, die konzentrische Anordnung verschiedener Steinarten und die verwendeten Bautechniken deuten auf ein Monument hin, das mehr als nur symbolisch war. Es war auch ein praktisches und beobachtbares Bauwerk, das an Jahreszeitenzyklen, rituelle Praktiken und möglicherweise auch an die soziale Hierarchie gebunden war. Planung und Ausführung des Grundrisses zeugen von einem hohen Maß an Organisation, Koordination und Zielstrebigkeit der Gemeinschaften, die ihn über viele Generationen hinweg errichteten und nutzten.

Die Rolle von Stonehenge im britischen Kulturerbe und Mythos

Stonehenge nimmt einen zentralen Platz im britischen Kulturerbe, der britischen Geschichte und Mythologie ein. Als eines der bedeutendsten antiken Monumente Großbritanniens wurde es von verschiedenen Generationen unterschiedlich betrachtet – zunächst als Ort der Rituale und Zeremonien, dann als Gegenstand archäologischer Studien und schließlich als Symbol nationaler Identität. Im Laufe der Zeit erlangte Stonehenge über seinen ursprünglichen prähistorischen Zweck hinaus eine kulturelle Bedeutung und ist eng mit der britischen Geschichte, der politischen Symbolik und der internationalen Anerkennung verbunden.

Stonehenge ist eine geschützte Stätte unter der Verwaltung von English Heritage und Teil eines größeren UNESCO-Weltkulturerbes, das auch Avebury und die umliegenden Landschaften umfasst. Sein Erhalt, seine Regulierung und seine kontinuierliche Erforschung spiegeln seine anerkannte Bedeutung als Teil der nationalen historischen Überlieferung wider. Die britische Regierung und internationale Organisationen haben sich für den Erhalt des Monuments und der umgebenden archäologischen Landschaft eingesetzt. Diese Aufmerksamkeit gilt nicht nur dem Bauwerk selbst, sondern auch dem weitläufigen Gebiet um es herum, das Grabhügel, Prozessionswege und andere prähistorische Merkmale aufweist. Daher wird Stonehenge oft als Symbol für die jahrtausendealte Besiedlung und das rituelle Leben in Großbritannien herangezogen.

Die öffentliche Auseinandersetzung mit Stonehenge begann im 17. und 18. Jahrhundert, als Antiquare begannen, das Monument zu erfassen und zu interpretieren. In dieser Zeit entstand die Idee von Stonehenge als Nationaldenkmal. Frühe Theorien vermuteten einen römischen Tempel, ein dänisches Monument oder ein druidisches Heiligtum. Obwohl diese Interpretationen oft unzutreffend waren, trugen sie dazu bei, dass Stonehenge als antikes Symbol der britischen Vergangenheit angesehen wurde.

Insbesondere die Druidentheorie hat sich tief in der Populärkultur verankert. Obwohl moderne Druiden keine direkte historische Verbindung zu den Erbauern von Stonehenge haben, hat der Ort für zeitgenössische Druiden- und Heidengemeinschaften an Bedeutung gewonnen. Seit dem 20. Jahrhundert ist Stonehenge ein Versammlungsort für diejenigen, die Sonnenwenden und Tagundnachtgleichen feiern, insbesondere die Sommersonnenwende, wenn sich Tausende versammeln, um den Sonnenaufgang zu beobachten. Diese Ereignisse zeigen, wie das Monument für moderne Gruppen eine symbolische Bedeutung erlangt hat, auch wenn ihr Glaube historisch nicht mit der ursprünglichen Nutzung des Ortes verbunden ist.

Stonehenge taucht auch in der britischen Literatur, Folklore und nationalen Erzählungen auf. Ein weit verbreiteter Mythos aus dem Mittelalter besagt, dass die Steine vom Zauberer Merlin aus Irland gebracht wurden. Diese Geschichte, die in Geoffrey von Monmouths Buch „Historia Regum Britanniae“

aus dem 12. Jahrhundert erzählt wird, besagt, dass Riesen den Steinkreis ursprünglich in Irland errichteten und Merlin ihn auf magische Weise als Denkmal für gefallene Krieger nach England brachte. Dieser Mythos hat keine archäologische Grundlage, zeigt aber, wie Stonehenge mit anderen großen britischen Legenden, darunter denen von König Artus, verknüpft wurde. Diese Geschichten trugen dazu bei, Stonehenge nicht nur als Sehenswürdigkeit, sondern auch als Schlüsselelement der imaginären Geschichte Großbritanniens zu etablieren.

Im 19. und 20. Jahrhundert wurde Stonehenge zunehmend in Lehrmaterialien, Tourismuskampagnen und kulturellen Darstellungen britischer Identität verwendet. Es erschien auf Plakaten, Geldscheinen und Buchumschlägen und festigte so sein Image als Symbol des alten Großbritanniens. Diese Rolle verstärkte sich in der Nachkriegszeit, als das Interesse an nationalen Kulturerbestätten wuchs. Das Denkmal wurde Teil des Schulunterrichts und des öffentlichen Wissens, was zu einem Anstieg des Tourismus und der Einrichtung eines Besucherzentrums zur Zugangskontrolle führte.

In den letzten Jahrzehnten war Stonehenge auch Gegenstand breiterer Diskussionen über Zugang, Denkmalschutz und kulturelles Eigentum. Debatten über den Straßenbau in der Nähe des Geländes und die Organisation von

Sonnenwendfeiern erregten landesweite Aufmerksamkeit. Diese Debatten zeigen, dass Stonehenge nicht nur ein historisches Artefakt, sondern auch ein lebendiger Teil der britischen Kultur- und Politiklandschaft ist.

Stonehenge gilt international als Symbol der britischen Antike. Es wird häufig in Dokumentarfilmen, Filmen, Reisewerbungen und wissenschaftlichen Arbeiten thematisiert. Die Aufnahme in die UNESCO-Welterbeliste unterstreicht seine globale Bedeutung und zieht Besucher aus aller Welt an.

Die Rolle von Stonehenge im britischen Kulturerbe und Mythos ist vielfältig. Von einer mysteriösen Ruine hat es sich zu einem wissenschaftlich erforschten Monument, einem Ort moderner religiöser Versammlungen und einem Symbol nationaler und internationaler Identität entwickelt. Seine anhaltende Präsenz im britischen Kulturleben spiegelt sowohl seine archäologische Bedeutung als auch seine Fähigkeit wider, über verschiedene Zeiten und Glaubensrichtungen hinweg Bedeutung zu vermitteln.

Das Besuchererlebnis

Was Sie am Steinkreis selbst erwartet

Wenn Sie Stonehenge erreichen und sich dem Steinkreis nähern, gelten besondere Bedingungen und Besuchererwartungen, die das Erlebnis prägen. Zunächst sollten Sie wissen, dass allgemeine Eintrittskarten keinen direkten Zugang zum Steinkreis ermöglichen. Stattdessen folgen Besucher einem ausgewiesenen Weg, der um die Steine herumführt. Dieser Weg wurde so angelegt, dass er eine gute Sicht ermöglicht und gleichzeitig das Monument vor Schäden durch Fußgängerverkehr und Erosion schützt. Barrieren verhindern, dass Besucher zwischen den Steinen hindurchgehen, außer während der genehmigten Zugangszeiten.

Sobald Sie aus dem Shuttlebus aussteigen, erwartet Sie ein kurzer Spaziergang auf einem Schotter- und Grasweg, bevor Sie den Kreis erreichen. Der Spaziergang bietet wechselnde Perspektiven auf das Denkmal, beginnend aus der Ferne und nähert sich allmählich. Entlang des Weges gibt es mehrere Punkte, an denen Sie anhalten und die Anordnung, Höhe und Abstände der Steine betrachten können. Von diesen Stellen aus haben Sie freie Sicht zum Fotografieren, zur stillen

Beobachtung oder zum Anhören des Audioguides, falls Sie ihn nutzen.

Der Steinkreis ist größer, als er oft auf Fotos erscheint. Viele Erstbesucher sind überrascht von der Größe der Sarsensteine, von denen einige über vier Meter hoch sind und mehr als 20 Tonnen wiegen. Die auf den aufrecht stehenden Steinen ruhenden Stürze bilden gebogene Abschnitte, die einst einen vollständigen Ring bildeten. Obwohl einige Steine fehlen oder heruntergefallen sind, bleibt die Struktur beeindruckend und erkennbar kreisförmig. Das innere Hufeisen aus höheren Trilithen ist aus mehreren Blickwinkeln sichtbar. Größe und Abstand dieser Steine bilden einen starken optischen Blickfang, insbesondere vom nordöstlichen Eingang aus betrachtet, der mit dem Sonnenaufgang zur Sommersonnenwende ausgerichtet ist.

Freuen Sie sich auf eine strukturierte und ruhige Atmosphäre. Obwohl Stonehenge viele Besucher empfängt, tragen die Wegeführung und das zeitgesteuerte Ticketsystem dazu bei, Überfüllung am Monument selbst zu vermeiden. Besucher bewegen sich in der Regel langsam und nehmen sich Zeit, die Steine zu fotografieren, den Kommentaren zu lauschen oder einfach die Details der Struktur zu betrachten. Es gibt keine Sitzgelegenheiten in der Nähe des Monuments, daher erfolgt die gesamte Besichtigung im Stehen oder Gehen. Das Gelände ist den Elementen ausgesetzt und bietet keinen Schutz. Sie sind daher Wind, Sonne und Regen voll ausgesetzt. Wettergerechte Kleidung ist wichtig.

Schilder entlang des Weges geben Erklärungen zu besonderen Merkmalen wie dem Heel Stone, den Blausteinen und der Anordnung der Sarsensteine. Außerdem gibt es visuelle Hilfsmittel, die das aktuelle Erscheinungsbild von Stonehenge mit historischen Rekonstruktionen vergleichen und zeigen, wie es in seiner vollständigen Intaktheit ausgesehen haben könnte. Diese Schilder sind in klarer Sprache gehalten und so positioniert, dass sie während des Spaziergangs leicht zu lesen sind.

Die Anwesenheit von Sicherheitspersonal und Mitarbeitern rund um den Steinkreis ist spürbar, aber nicht aufdringlich. Ihre Hauptaufgabe besteht darin, sicherzustellen, dass Besucher auf den markierten Wegen bleiben und das Denkmalgelände nicht betreten. Fotografieren ist erlaubt, die Verwendung von Drohnen, Stativen oder Geräten, die andere Besucher stören könnten, ist jedoch untersagt. Von den Besuchern wird erwartet, dass sie sich langsam auf dem Weg bewegen und nicht lange an einer Stelle verweilen, insbesondere bei starkem Andrang.

Wenn Sie ein Stone Circle Experience-Ticket gebucht haben, gestaltet sich der Besuch anders. Diese Option ermöglicht kleinen Gruppen den Zugang zum Monument entweder frühmorgens oder nach den üblichen Öffnungszeiten. Während dieser Zeit können Sie unter Aufsicht zwischen den Steinen umhergehen. Diese Besuche sind ruhig, zeitlich begrenzt und bieten eine persönlichere Interaktion mit dem Monument. Die meisten Besucher werden jedoch die übliche Besichtigung über den äußeren Pfad bevorzugen.

Je nach Tempo und Interesse können Sie zwischen 30 Minuten und einer Stunde am Steinkreis verbringen. Der Rückweg zum Besucherzentrum kann mit dem Shuttlebus oder zu Fuß entlang der Avenue erfolgen. So erhalten Sie einen Einblick, wie sich die Menschen früher der Stätte genähert haben könnten.

Das Steinkreis-Erlebnis ist organisiert, respektvoll und ermöglicht eine genaue Beobachtung ohne physische Interaktion. Es erwarten Sie ein klarer Wanderweg, informative Beschilderung, Führung durch Mitarbeiter und freie Sicht auf das Monument aus verschiedenen Blickwinkeln. Der Besuch erfolgt im eigenen Tempo und bietet eine direkte Begegnung mit einem der bekanntesten prähistorischen Bauwerke der Welt, eingerahmt von offener Landschaft und geprägt von den natürlichen Gegebenheiten der damaligen Zeit.

Nutzung des Audioguides und des Wanderwegs

Der Audioguide und der Wanderweg in Stonehenge ermöglichen Besuchern, das Monument und die umliegende Landschaft in ihrem eigenen Tempo zu erkunden. Sie bieten klare und leicht verständliche Informationen. Diese Hilfsmittel geben einen Kontext zu dem, was Sie sehen, erklären die Geschichte verschiedener Besonderheiten und leiten Sie geordnet durch die Stätte. Sie sind besonders nützlich für Besucher, die nicht an einer Führung teilnehmen, aber dennoch einen strukturierten und informativen Besuch wünschen.

Der offizielle Stonehenge-Audioguide ist über eine kostenlose mobile App von English Heritage verfügbar. Besucher werden gebeten, die App vor ihrer Ankunft herunterzuladen, um nicht auf das Mobilfunksignal angewiesen zu sein, das in manchen Teilen des Geländes schwach sein kann. Die App funktioniert sowohl auf Android- als auch auf iOS-Plattformen. Nach dem Download kann sie offline verwendet werden. Sie enthält eine Reihe nummerierter Haltestellen entlang des Wanderwegs, sodass Sie Informationen zu Ihrem genauen Standort hören können. Sie behandelt Themen wie den Zweck der Steine, ihren Transport, die Ausrichtung zur Sonnenwende und die weiteren Landschaftsmerkmale.

Der Audioguide ist in mehreren Sprachen verfügbar, was für internationale Besucher hilfreich ist. Standardmäßig ist Englisch verfügbar, aber auch gängige Sprachen wie Französisch, Deutsch, Spanisch, Japanisch und Mandarin sind verfügbar. Jeder Abschnitt ist kurz, in der Regel zwei bis drei Minuten lang, sodass er Ihren Spaziergang nicht verlangsamt. Der Ton ist direkt und konzentriert sich auf Fakten und klare Erklärungen statt auf Spekulationen oder Überinterpretationen. Einige Abschnitte enthalten aufgezeichnete Stimmen von Archäologen und Kuratoren, die in einfacher Sprache Expertenwissen vermitteln.

Wenn Sie Ihr Smartphone nicht nutzen möchten, können Sie im Besucherzentrum eine begrenzte Anzahl physischer Audioguide-Geräte mieten. Diese werden nach dem Prinzip „Wer zuerst kommt, mahlt zuerst“ vergeben. Sie funktionieren ähnlich: nummerierte Abschnitte, die Sie manuell aktivieren. Die meisten Besucher nutzen jedoch mittlerweile die mobile Version, da sie flexibler ist und die Nutzung von Kopfhörern ermöglicht.

Der Rundweg um den Steinkreis ist ein Rundweg, der die Besucher in kontrolliertem Abstand zu den Steinen hält. Er ist nicht durchgehend gepflastert, sondern fest und größtenteils eben, mit einer Mischung aus Kies und Gras. Die Route beginnt in der Nähe der Haltestelle des Shuttles und führt im

Uhrzeigersinn um das Denkmal herum. Sie führt an wichtigen Aussichtspunkten vorbei, an denen sich die Audioguide-Anweisungen befinden. Der Weg ist an jeder Haltestelle gut ausgeschildert und mit den Nummern des Audioguides versehen, damit Sie wissen, wo Sie zuhören müssen.

Es gibt keine strikte Richtung, der Sie folgen müssen, aber die Gestaltung des Geländes fördert eine logische Abfolge. Dies hilft, den Besucherstrom zu lenken und verhindert, dass sich Menschen an einem Ort versammeln. Der Wanderweg verfügt über Informationstafeln, die die Audioinhalte mit Diagrammen, Karten und kurzen Beschreibungen ergänzen. Diese Tafeln sind besonders nützlich, wenn Sie lieber lesen oder keinen Zugang zum Führer haben.

Der gesamte Rundgang dauert bei gemütlichem Tempo etwa 30 bis 45 Minuten, je nachdem, wie viel Zeit man an den einzelnen Haltestellen verbringt. Viele Besucher legen eine Pause ein, um Fotos zu machen oder mehrmals zuzuhören. Der Weg bietet freie Sicht auf den Heel Stone, den Altar Stone, die Trilithen und die Blaustein-Arrangements. Von bestimmten Punkten aus kann man auch die Avenue und Teile der umliegenden Landschaft wie Hügelgräber und Gräben überblicken. Diese Besonderheiten werden ebenfalls im Reiseführer erläutert.

Ein Teil des Wanderwegs zweigt leicht ab und bietet einen freien Blick auf die Hauptausrichtung zur Sonnenwende. Von hier aus können Sie sehen, wie das Denkmal mit dem Sonnenaufgang zur Sommersonnenwende übereinstimmt. Der Führer erklärt die Bedeutung dieser Ausrichtung und ihre Rolle bei der Gestaltung des Denkmals.

Es ist wichtig, geeignetes Schuhwerk zu tragen, insbesondere bei nassem Wetter, da Teile des Weges weich oder rutschig werden können. Es gibt keine Bänke entlang des Weges, und das Sitzen auf dem Gras in der Nähe der Steine ist nicht gestattet, sodass die meisten Besucher die Strecke ohne längere Pausen zurücklegen. Der Ort ist ungeschützt und bietet weder Schatten noch Schutz. Daher ist es ratsam, geeignete Kleidung mitzubringen, insbesondere bei Hitze oder Wind.

Ausstellungen im Besucherzentrum und neolithische Häuser

Das Besucherzentrum von Stonehenge ist die erste Anlaufstelle für alle Gäste, bevor sie das Monument selbst erreichen. Es liegt etwa drei Kilometer vom Steinkreis entfernt und dient als zentrale Anlaufstelle für Tickets, Informationen, Einrichtungen und Ausstellungen. Der Eintritt ins Besucherzentrum ist in allen allgemeinen Eintrittskarten enthalten. Es ist ganzjährig geöffnet und auf die Bewältigung eines hohen Besucheraufkommens ausgelegt, bietet aber gleichzeitig lehrreiche Inhalte in einem strukturierten Aufbau. Das moderne Gebäude verfügt über großzügige Innen- und überdachte Außenbereiche und beherbergt mehrere wichtige Komponenten, die das Besuchererlebnis bereichern.

Im Hauptausstellungsraum gibt es eine Dauerausstellung, die sich auf die Menschen konzentriert, die Stonehenge erbauten und nutzten, auf die Werkzeuge und Materialien, die sie verwendeten, und auf die umgebende Landschaft, in der sie lebten. Die Exponate sind linear und thematisch angeordnet, sodass Sie die Entwicklung der Stätte chronologisch verfolgen können. Sie finden Hunderte von Originalartefakten, die in und um Stonehenge entdeckt wurden. Dazu gehören Steinwerkzeuge, Töpferwaren, Geweihhacken zum Ausheben der Gräben, Tierknochen, eingeäscherte menschliche Überreste und Dekorationsgegenstände. Viele dieser Gegenstände wurden aus Gräbern und Siedlungsgebieten in der Nähe des Monuments geborgen, insbesondere aus Durrington Walls, das vermutlich ein Stützpunkt für die Erbauer von Stonehenge war.

Die Artefakte werden in sicheren Glasvitrinen mit klaren und prägnanten Beschreibungen ausgestellt. Tafeln neben den Ausstellungsstücken erklären, um welches Objekt es sich handelt, wo es gefunden wurde und was es über das prähistorische Leben aussagt. Karten, Diagramme und 3D-Modelle veranschaulichen, wie sich Stonehenge im Laufe der Zeit veränderte und wie es sich in die Landschaft der Jungsteinzeit und Bronzezeit einfügte. Eine digitale Zeitleiste führt Sie durch die Bauphasen und die menschliche Aktivität vor Ort.

Ein Teil der Ausstellung widmet sich speziell den Bestattungspraktiken. Kremierte Knochen, Grabbeigaben und rekonstruierte Grabhügel veranschaulichen die Rolle von Stonehenge als Grabstätte in seiner frühen Phase. Ein weiterer Teil der Ausstellung untersucht die Techniken zum Bewegen und Formen der massiven Steine. Er erläutert die Unterschiede zwischen Sarsen- und Blausteinquellen und bietet Informationen zu jüngsten Entdeckungen zur Herkunft der Sarsensteine in den Marlborough Downs.

Ein kurzer Film wird auf eine gebogene Wand projiziert und bietet einen 360-Grad-Blick auf den Steinkreis zu verschiedenen Tageszeiten und Wetterbedingungen. So können sich Besucher vorstellen, wie die Stätte bei Sonnenwende oder Mondschein ausgesehen haben muss. Dies ist besonders nützlich für Besucher bei Bewölkung oder Regen, da die Sicht auf das Denkmal dann eingeschränkt sein kann.

Außerhalb des Hauptausstellungsgebäudes, nur einen kurzen Spaziergang über einen weitläufigen Innenhof entfernt, befinden sich die rekonstruierten neolithischen Häuser. Diese basieren auf archäologischen Funden aus Durrington Walls und zeigen, wie das häusliche Leben der am Bau von Stonehenge beteiligten Gemeinschaften um 2500 v. Chr. ausgesehen haben könnte. Es gibt fünf runde Hütten mit Kreideböden, Fachwerk, Flechtwerkwänden und Strohdächern. In den Hütten sind Nachbildungen grundlegender Möbel wie Holzbetten, Lehmöfen und Vorratsbehälter zu sehen. Außerdem gibt es Beispiele früher Werkzeuge, geflochtener Körbe und Kochutensilien.

Grundriss und Größe dieser Häuser spiegeln das wider, was über die neolithische Wohnarchitektur bekannt ist. Jedes Haus stellt einen anderen Aspekt des täglichen Lebens dar, wie zum Beispiel die Zubereitung von Speisen, den Werkzeuggebrauch oder die Schlafgelegenheiten. An den meisten Tagen sind Mitarbeiter oder Freiwillige anwesend, um Fragen zu beantworten, Techniken wie das Feuersteinschlagen oder Getreidemahlen zu demonstrieren und zu erklären, wie die Gebäude mit den damals verfügbaren Werkzeugen und Materialien errichtet wurden.

Die Häuser stehen auf einem offenen Gelände neben der Bushaltestelle für den Shuttle zu den Steinen, sodass sie vor oder nach dem Spaziergang zum Denkmal bequem erkundet werden können. Für Familien und Kinder bieten die Häuser eine praxisnahe Lernmöglichkeit, die spannender ist als das bloße Lesen von Tafeln. Die Umgebung vermittelt zudem ein klareres Bild von Maßstab und Lebensbedingungen im Vergleich zu Museumsmodellen.

Besucher sollten mindestens 45 Minuten bis eine Stunde einplanen, um sowohl die Innenausstellungen als auch die neolithischen Außenhäuser zu erkunden, insbesondere wenn sie sich für Archäologie oder antike Geschichte interessieren. Die Ausstellungen sind für alle Altersgruppen geeignet und bieten Erklärungen, die sowohl für allgemeine Besucher als auch für Personen mit fortgeschrittener Kenntnis der Stätte verständlich sind.

Das Besucherzentrum von Stonehenge ist nicht nur ein Ticket- und Transportpunkt, sondern ein wichtiger Bestandteil des Gesamterlebnisses. Die Ausstellungen liefern historischen Kontext und greifbare Beweise für die Beobachtungen im Steinkreis. Die rekonstruierten neolithischen Häuser demonstrieren anschaulich, wie prähistorische Menschen lebten und helfen den Besuchern, das riesige Monument mit dem Leben seiner Erbauer zu verbinden. Zusammen ermöglichen diese Elemente den Besuchern eine fundiertere und bedeutungsvollere Begegnung mit den Steinen.

Cafés, Geschäfte, Toiletten und Dienstleistungen vor Ort

Das Besucherzentrum von Stonehenge ist die erste Anlaufstelle für alle Gäste, bevor sie das Monument selbst erreichen. Es liegt etwa drei Kilometer vom Steinkreis entfernt und dient als zentrale Anlaufstelle für Tickets, Informationen, Einrichtungen und Ausstellungen. Der Eintritt ins Besucherzentrum ist in allen allgemeinen Eintrittskarten enthalten. Es ist ganzjährig geöffnet und auf die Bewältigung eines hohen Besucheraufkommens ausgelegt, bietet aber gleichzeitig lehrreiche Inhalte in einem strukturierten Aufbau. Das moderne Gebäude verfügt über großzügige Innen- und überdachte Außenbereiche und beherbergt mehrere wichtige Komponenten, die das Besuchererlebnis bereichern.

Im Hauptausstellungsraum gibt es eine Dauerausstellung, die sich auf die Menschen konzentriert, die Stonehenge erbauten und nutzten, auf die Werkzeuge und Materialien, die sie verwendeten, und auf die umgebende Landschaft, in der sie lebten. Die Exponate sind linear und thematisch angeordnet, sodass Sie die Entwicklung der Stätte chronologisch verfolgen können. Sie finden Hunderte von Originalartefakten, die in und um Stonehenge entdeckt wurden. Dazu gehören

Steinwerkzeuge, Töpferwaren, Geweihhacken zum Ausheben der Gräben, Tierknochen, eingeäscherte menschliche Überreste und Dekorationsgegenstände. Viele dieser Gegenstände wurden aus Gräbern und Siedlungsgebieten in der Nähe des Monuments geborgen, insbesondere aus Durrington Walls, das vermutlich ein Stützpunkt für die Erbauer von Stonehenge war.

Die Artefakte werden in sicheren Glasvitrinen mit klaren und prägnanten Beschreibungen ausgestellt. Tafeln neben den Ausstellungsstücken erklären, um welches Objekt es sich handelt, wo es gefunden wurde und was es über das prähistorische Leben aussagt. Karten, Diagramme und 3D-Modelle veranschaulichen, wie sich Stonehenge im Laufe der Zeit veränderte und wie es sich in die Landschaft der Jungsteinzeit und Bronzezeit einfügte. Eine digitale Zeitleiste führt Sie durch die Bauphasen und die menschliche Aktivität vor Ort.

Ein Teil der Ausstellung widmet sich speziell den Bestattungspraktiken. Kremierte Knochen, Grabbeigaben und rekonstruierte Grabhügel veranschaulichen die Rolle von Stonehenge als Grabstätte in seiner frühen Phase. Ein weiterer Teil der Ausstellung untersucht die Techniken zum Bewegen und Formen der massiven Steine. Er erläutert die Unterschiede zwischen Sarsen- und Blausteinquellen und bietet

Informationen zu jüngsten Entdeckungen zur Herkunft der Sarsensteine in den Marlborough Downs.

Ein kurzer Film wird auf eine gebogene Wand projiziert und bietet einen 360-Grad-Blick auf den Steinkreis zu verschiedenen Tageszeiten und Wetterbedingungen. So können sich Besucher vorstellen, wie die Stätte bei Sonnenwende oder Mondschein ausgesehen haben muss. Dies ist besonders nützlich für Besucher bei Bewölkung oder Regen, da die Sicht auf das Denkmal dann eingeschränkt sein kann.

Außerhalb des Hauptausstellungsgebäudes, nur einen kurzen Spaziergang über einen weitläufigen Innenhof entfernt, befinden sich die rekonstruierten neolithischen Häuser. Diese basieren auf archäologischen Funden aus Durrington Walls und zeigen, wie das häusliche Leben der am Bau von Stonehenge beteiligten Gemeinschaften um 2500 v. Chr. ausgesehen haben könnte. Es gibt fünf runde Hütten mit Kreideböden, Fachwerk, Flechtwerkwänden und Strohdächern. In den Hütten sind Nachbildungen grundlegender Möbel wie Holzbetten, Lehmöfen und Vorratsbehälter zu sehen. Außerdem gibt es Beispiele früher Werkzeuge, geflochtener Körbe und Kochutensilien.

Grundriss und Größe dieser Häuser spiegeln das wider, was über die neolithische Wohnarchitektur bekannt ist. Jedes Haus stellt einen anderen Aspekt des täglichen Lebens dar, wie zum Beispiel die Zubereitung von Speisen, den Werkzeuggebrauch oder die Schlafgelegenheiten. An den meisten Tagen sind Mitarbeiter oder Freiwillige anwesend, um Fragen zu beantworten, Techniken wie das Feuersteinschlagen oder Getreidemahlen zu demonstrieren und zu erklären, wie die Gebäude mit den damals verfügbaren Werkzeugen und Materialien errichtet wurden.

Die Häuser stehen auf einem offenen Gelände neben der Bushaltestelle für den Shuttle zu den Steinen, sodass sie vor oder nach dem Spaziergang zum Denkmal bequem erkundet werden können. Für Familien und Kinder bieten die Häuser eine praxisnahe Lernmöglichkeit, die spannender ist als das bloße Lesen von Tafeln. Die Umgebung vermittelt zudem ein klareres Bild von Maßstab und Lebensbedingungen im Vergleich zu Museumsmodellen.

Besucher sollten mindestens 45 Minuten bis eine Stunde einplanen, um sowohl die Innenausstellungen als auch die neolithischen Außenhäuser zu erkunden, insbesondere wenn sie sich für Archäologie oder antike Geschichte interessieren. Die Ausstellungen sind für alle Altersgruppen geeignet und bieten Erklärungen, die sowohl für allgemeine Besucher als auch für Personen mit fortgeschrittener Kenntnis der Stätte verständlich sind.

Zusammenfassend lässt sich sagen, dass das Besucherzentrum von Stonehenge nicht nur ein Ticket- und Transportpunkt ist, sondern ein wichtiger Teil des Gesamterlebnisses. Die Exponate liefern historischen Kontext und greifbare Beweise für die Beobachtungen im Steinkreis. Die rekonstruierten neolithischen Häuser bieten eine praktische Demonstration der Lebensweise prähistorischer Menschen und helfen den Besuchern, das riesige Monument mit dem Leben der Menschen zu verbinden, die es errichtet haben. Zusammen bereiten diese Elemente die Besucher auf eine fundiertere und bedeutungsvollere Begegnung mit den Steinen vor.

Regeln für Fotografie, Drohnen und das Berühren von Steinen

Fotografieren in Stonehenge ist grundsätzlich erlaubt, unterliegt jedoch klaren Regeln zum Schutz des Monuments, zur Gewährleistung der Sicherheit und eines gelungenen Besuchs für alle Besucher. Diese Regeln gelten für alle, unabhängig von Nationalität, Kameratyp oder Besuchszweck. Wenn Sie wissen, was erlaubt ist und was nicht, vermeiden Sie Missverständnisse oder Störungen während Ihres Aufenthalts vor Ort.

Für Besucher mit einer Standard-Eintrittskarte ist das Fotografieren für private Zwecke auf dem gesamten Gelände gestattet, einschließlich des Steinkreises, des Besucherzentrums und der neolithischen Häuser. Dies umfasst die Nutzung von Mobiltelefonen, digitalen Kompaktkameras und Standard-DSLR-Kameras. Besucher können beliebig viele Fotos für ihre persönliche Sammlung, Reiseerinnerungen oder zum Teilen in sozialen Medien machen, sofern dies die Bewegungsfreiheit anderer nicht beeinträchtigt oder gegen andere Geländeregeln verstößt.

Stative, Einbeinstative und Selfie-Sticks sind in der Nähe des Steinkreises nicht erlaubt. Der Weg um das Denkmal ist stellenweise relativ schmal, und solche Geräte können Hindernisse oder Gefahren darstellen. Das diensthabende Personal bittet Besucher, störende oder unsichere Geräte wegzulegen. Blitzlichtfotografie ist nicht grundsätzlich verboten, wird jedoch in der Nähe der Steine, insbesondere in Anwesenheit anderer Besucher, nicht empfohlen, da sie störend oder ablenkend wirken kann.

Professionelles Fotografieren oder Filmen erfordert die vorherige schriftliche Genehmigung von English Heritage. Dies gilt für alle, die große Ausrüstung verwenden, Videos für kommerzielle Zwecke drehen oder Medien für Rundfunk, Veröffentlichung oder Werbung produzieren. Ohne diese

Genehmigung ist die Nutzung professioneller Ausrüstung verboten. Besucher, die ohne Genehmigung kommerzielle Aufnahmen durchführen, können zum Verlassen des Geländes aufgefordert oder das Filmmaterial gelöscht werden. Drohnen sind sowohl auf dem Denkmalgelände als auch im umgebenden Luftraum strengstens verboten. Dieses Verbot gilt auch für den Freizeitgebrauch von Drohnen, unabhängig von Größe und Gewicht, und gilt für alle Besucher.

Das Drohnenverbot wird aufgrund des Risikos von Schäden an den Steinen, einer möglichen Gefährdung anderer Besucher und der Vermeidung von Störungen des Erlebnisses durchgesetzt. In der Vergangenheit gab es eindeutige Fälle, in denen unbefugte Drohnen Sicherheitsvorfälle verursachten oder die Sicherheit des Denkmals gefährdeten. English Heritage patrouilliert und überwacht regelmäßig den Luftraum über Stonehenge, und Schilder rund um das Gelände weisen Besucher auf dieses Verbot hin. Jeder, der ohne ausdrückliche Genehmigung eine Drohne über oder in der Nähe des Geländes fliegen lässt, muss mit der Entfernung und möglichen rechtlichen Schritten gemäß den lokalen Sicherheitsvorschriften und dem allgemeinen Luftfahrtrecht rechnen.

Das Berühren der Steine ist während der allgemeinen Besichtigung unter keinen Umständen gestattet. Um den

Steinkreis herum wurden Barrieren errichtet, um das Denkmal vor Erosion, Hautfett und versehentlicher Beschädigung zu schützen. Diese Einschränkungen beruhen nicht auf Aberglaube oder Tradition, sondern auf praktischen Erhaltungserfordernissen. Die Steine sind uralt und weisen bereits Abnutzungserscheinungen durch Witterung und früheren Kontakt auf. Aus diesen Gründen ist jeglicher Kontakt mit ihnen untersagt. Besucher müssen sich hinter dem niedrigen Holzgeländer aufhalten und dürfen die Rasenfläche rund um die Steine nicht betreten.

Bei Sonderbesuchen wie der Stone Circle Experience oder bei Sonnenwendveranstaltungen gelten etwas andere Regeln. Teilnehmer dieser Veranstaltungen dürfen den Steinkreis betreten, in der Regel in kleinen, beaufsichtigten Gruppen oder bei organisierten Zusammenkünften. Auch in diesen Fällen ist das Berühren der Steine nicht erwünscht. Mitarbeiter oder Veranstaltungsleiter weisen Besucher häufig darauf hin, sich nicht auf die Steine zu lehnen oder auf sie zu klettern. Unbeabsichtigte Beschädigungen oder wiederholtes Berühren können die Erosion beschleunigen oder die Stabilität einiger aufrecht stehender Steine oder Türstürze beeinträchtigen.

Sicherheitspersonal ist auf dem gesamten Gelände postiert und sorgt für die ruhige, aber entschiedene Durchsetzung dieser Regeln. Besucher werden gebeten, den Anweisungen des

Personals ohne Widerspruch Folge zu leisten. Die Nichteinhaltung der Regeln zum Fotografieren, Drohneneinsatz oder Berühren kann zum Verweis vom Gelände ohne Rückerstattung führen. Wiederholte oder vorsätzliche Verstöße können zu einer Anzeige oder zu Strafen nach Naturschutzrecht führen.

Besucher dürfen mit Handgeräten persönliche Fotos machen, dürfen jedoch keine professionelle Ausrüstung ohne Genehmigung mitbringen, und Drohnen sind grundsätzlich verboten. Das Berühren der Steine ist bei einem normalen Besuch nicht gestattet. Diese Regeln sind unerlässlich, um das Denkmal für zukünftige Generationen zu erhalten und allen Besuchern eine respektvolle und sichere Umgebung zu bieten. Wer filmen, Inhalte produzieren oder die Steine aus der Nähe betrachten möchte, sollte sich vorab mit English Heritage in Verbindung setzen und während seines Aufenthalts vor Ort alle ausgehängten Hinweise befolgen.

Erkundung jenseits des Kreises

Woodhenge und Durrington Walls

Woodhenge und Durrington Walls sind zwei bedeutende prähistorische Stätten, nur wenige Kilometer von Stonehenge entfernt. Beide sind wichtig für das Verständnis der weiteren archäologischen Landschaft und geben Einblicke in die Menschen, die Stonehenge vor über 4.000 Jahren erbauten und nutzten. Sie werden von Gelegenheitsbesuchern oft übersehen, verleihen einem Besuch aber wertvolle Einblicke, insbesondere für diejenigen, die sich für das tägliche Leben, die zeremoniellen Praktiken und die Siedlungsmuster der neolithischen und frühbronzezeitlichen Gemeinschaften in der Region interessieren.

Woodhenge ist ein Holzkreis, der 1925 durch Luftaufnahmen entdeckt wurde. Er liegt etwa 3 Kilometer nordöstlich von Stonehenge, etwas außerhalb der Stadt Durrington. Die Anlage wurde ursprünglich um 2500 v. Chr. errichtet, etwa zur gleichen Zeit, als die Hauptphase von Stonehenge abgeschlossen wurde. Obwohl heute keine Holzpfosten mehr vorhanden sind, sind ihre Positionen mit Betonpfosten unterschiedlicher Höhe markiert, um den ursprünglichen Aufbau zu veranschaulichen. Die Anlage besteht aus sechs konzentrischen Ringen von Pfostenlöchern, deren Eingang etwa in Richtung des Sonnenaufgangs im Hochsommer ausgerichtet ist. Diese Ausrichtung ähnelt der von Stonehenge und legt nahe, dass beide Monumente möglicherweise verwandte zeremonielle oder astronomische Funktionen hatten.

Die Holzpfosten von Woodhenge dürften groß, wahrscheinlich mehrere Meter hoch, und tief in den Boden eingelassen gewesen sein. Der zentrale Bereich könnte für rituelle Aktivitäten, Versammlungen oder saisonale Veranstaltungen genutzt worden sein. Ausgrabungen haben die Grabstätte eines Kindes im Zentrum des Kreises freigelegt, was darauf schließen lässt, dass der Ort auch symbolische oder spirituelle Bedeutung hatte. Das Bauwerk war von einem niedrigen Erdwall und einem Graben umgeben, was es als Henge-Monument kennzeichnete, obwohl das Baumaterial – Holz statt Stein – auf eine andere Funktion oder ein anderes Publikum hindeutet.

Besucher von Woodhenge finden eine offene Rasenfläche mit Betonmarkierungen und Informationstafeln, die den Grundriss und die Funde früherer Ausgrabungen erläutern. Das Gelände ist ganzjährig zugänglich und der Eintritt ist frei. Es gibt keine Einrichtungen vor Ort, aber Parkplätze stehen in der Nähe zur Verfügung. Das Denkmal ist von den Durrington Walls aus fußläufig erreichbar. Obwohl die Stätte optisch weniger beeindruckend ist als Stonehenge, liegt ihre Bedeutung in ihrer

Verbindung zu denselben Erbauern und ihrer wahrscheinlichen Funktion als ergänzender zeremonieller Ort.

Durrington Walls ist eine deutlich größere und komplexere Stätte. Sie liegt westlich von Woodhenge und ist mit einem Durchmesser von über 500 Metern eine der größten bekannten neolithischen Henge-Anlagen Großbritanniens. Im Gegensatz zu Stonehenge, das in erster Linie als Steinmonument errichtet wurde, diente Durrington Walls als bedeutende Siedlung und zeremonielles Zentrum. Ausgrabungen seit den 1960er Jahren und umfangreichere in den frühen 2000er Jahren haben Hinweise auf Wohngebäude, Holzkreise und große Versammlungen zutage gefördert.

Die wichtigste Entdeckung in Durrington Walls sind neolithische Hausfundamente. Diese Häuser wurden mit Kreideböden, Lehmherden und Holzpfosten gebaut und in einem Muster angeordnet, das auf eine langfristige Besiedlung oder saisonale Rückkehr schließen lässt. Archäologen gehen davon aus, dass Hunderte oder sogar Tausende von Menschen hier vorübergehend lebten, möglicherweise um am Bau von Stonehenge oder an religiösen Veranstaltungen teilzunehmen. Tierknochen und Keramikfunde deuten auf große Feste hin, wobei Überreste von Schweinen und Rindern Anzeichen gemeinschaftlicher Mahlzeiten aufweisen.

Innerhalb der Durrington Walls wurden zwei Holzkreise identifiziert. Einer davon, nahe der heutigen Straße gelegen, hatte einen zeremoniellen Grundriss ähnlich dem von Stonehenge und spiegelte möglicherweise einige seiner rituellen Funktionen wider, allerdings aus Holz statt Stein. Die Verwendung von Holz könnte einen Ort der Lebenden symbolisieren, im Gegensatz zu Stonehenge, das möglicherweise die Welt der Vorfahren oder der Toten repräsentierte. Die Anordnung der Elemente der Durrington Walls weist zudem eine Verbindung zum Fluss Avon auf, was Theorien stützt, wonach der Fluss als zeremonielle Route diente, die Orte in der Landschaft verband.

Der Zugang zu den Durrington Walls ist über öffentliche Fußwege möglich, und die Umrisse des Henge sind noch heute in Form von erhöhten Wällen und Gräben auf dem Feld erkennbar. Es gibt Informationstafeln, und die Gegend ist ruhig und oft menschenleer. Obwohl kaum noch sichtbare Architektur erhalten ist, ist die archäologische Bedeutung der Stätte hoch und spielt eine zentrale Rolle für das moderne Verständnis der prähistorischen Nutzung der Salisbury Plain.

Der Besuch von Woodhenge und Durrington Walls bietet einen umfassenderen Einblick in das Gemeinschaftsleben und die zeremoniellen Praktiken, die den Bau und die Nutzung von Stonehenge ermöglichten. Diese Stätten zeigen, dass

Stonehenge kein isoliertes Monument war, sondern Teil eines Netzwerks von Räumen, die von einer vernetzten und organisierten Gesellschaft genutzt wurden. Zusammen bilden sie einen zentralen Teil der Welterbelandschaft und helfen Besuchern, die soziale und rituelle Komplexität dieser Periode der britischen Vorgeschichte zu verstehen.

Die Avenue und der Fluss Avon Prozessionsroute

Die Avenue ist ein prähistorischer zeremonieller Weg, der Stonehenge mit dem Fluss Avon verbindet. Sie ist ein wichtiges Merkmal der Landschaft von Stonehenge, sowohl aufgrund ihrer physischen Struktur als auch aufgrund der Einblicke, die sie in die Art und Weise gibt, wie sich die Menschen der Antike dem Ort näherten und ihn nutzten. Obwohl ein Großteil der Avenue heute durch spätere Straßen und landwirtschaftliche Nutzung überwuchert oder zerstört ist, ist ihr Verlauf ausreichend kartiert, um ihren Zweck und ihre Ausrichtung zu verstehen.

Die Allee beginnt am nordöstlichen Eingang von Stonehenge und verläuft etwa 500 Meter geradeaus, bevor sie nach Osten abbiegt und weitere 1,5 Kilometer in Richtung Fluss verläuft. Die Gesamtlänge der Allee beträgt rund 2,5 Kilometer. Sie ist als doppeltes Graben- und Wallsystem angelegt und insgesamt etwa 12 Meter breit. Die Gräben verlaufen zu beiden Seiten eines zentralen Damms, der als Hauptweg diente. Ausgrabungen und geophysikalische Untersuchungen haben die Struktur bestätigt, obwohl der Großteil davon heute unter Feldern oder moderner Bebauung liegt.

Die Allee ist auf den Sonnenaufgang zur Sommersonnenwende ausgerichtet, was ihre Verbindung zur Hauptachse von Stonehenge unterstreicht. Von innerhalb des Kreises betrachtet, geht die Sonne am längsten Tag des Jahres direkt entlang der Allee auf. Diese Ausrichtung ist kein Zufall und stützt die Annahme, dass die Allee einen rituellen oder symbolischen Zweck hatte. Möglicherweise diente sie als Route für zeremonielle Prozessionen, die Menschen für saisonale Veranstaltungen oder religiöse Aktivitäten vom Fluss zum Denkmal führten.

Am östlichen Ende der Avenue befindet sich in der Nähe von West Amesbury ein Ort, an dem Archäologen eine mögliche prähistorische Uferplattform entdeckt haben. Dieser Ort wird manchmal als Stonehenge Riverside bezeichnet und enthält Spuren eines Holzkreises und anderer zeremonieller Elemente. Man nimmt an, dass dieser Punkt am Fluss Avon ein wichtiger Ausgangspunkt für Prozessionen nach Stonehenge war. Die Menschen könnten mit dem Boot angereist sein oder sich am

Fluss versammelt haben, bevor sie sich entlang der Avenue zum Monument auf den Weg machten.

Die Verbindung zwischen Stonehenge und dem Fluss Avon ist bedeutsam, da sie das Monument mit der weiteren Landschaft verbindet. In vielen alten Kulturen hatten Flüsse symbolische Bedeutung als Grenzen zwischen Welten – etwa zwischen Lebenden und Toten oder zwischen dem Alltäglichen und dem Heiligen. Die Vorstellung, dass Menschen von einem Ort des Wassers und des Lebens (dargestellt durch den Fluss und die Durrington Walls) zu einem Ort des Steins und der Erinnerung (dargestellt durch Stonehenge) zogen, passt zu einer breiteren Interpretation des Monuments als Ort des Übergangs, möglicherweise verbunden mit Bestattungsritualen oder saisonalen Bräuchen.

Teile der Avenue sind heute über öffentliche Fußwege zugänglich, allerdings sind nicht alle Abschnitte sichtbar. Der am besten erhaltene Abschnitt erstreckt sich vom nordöstlichen Eingang von Stonehenge über etwa einen halben Kilometer. Besucher können dem Fußweg parallel zum Verlauf der Avenue folgen und so einen Eindruck von Richtung und Neigung der Landschaft bekommen. Von hier führt die Avenue bergab zu einer modernen Straße und dem heute unzugänglichen östlichen Abschnitt. Dieser Spaziergang bietet eine einzigartige Perspektive auf das Monument, insbesondere am frühen Morgen oder späten Nachmittag, wenn die Sonne tiefer steht.

Die Avenue als Prozessionsweg zu verstehen, hilft zu erklären, warum Stonehenge an diesem Ort errichtet wurde. Es war nicht nur ein zufälliger Standort für ein Denkmal, sondern ein sorgfältig ausgewählter Ort, der in den Fluss, die umliegenden Hügel und andere zeremonielle Elemente integriert war. Die Avenue verleiht dem Grundriss und der Ausrichtung des Steinkreises Bedeutung und stützt die Interpretation, dass Stonehenge Teil eines größeren zeremoniellen Netzwerks war, das sich über die Salisbury Plain erstreckte.

Die Bedeutung des Flusses Avon liegt in diesem Zusammenhang nicht in seiner Größe, sondern in seiner symbolischen und praktischen Rolle. Er lieferte Wasser, Transportmittel und war Treffpunkt für Versammlungen. Die Tatsache, dass er sowohl mit den Durrington Walls als auch mit Stonehenge verbunden ist, untermauert das Argument, dass er ein zentrales Element für die Bewegung und Versammlung von Menschen bei wichtigen Ereignissen war.

Die Allee und ihre Verlängerung bis zum Fluss Avon bilden eine bewusst angelegte zeremonielle Route, die vermutlich für Prozessionen, saisonale Rituale und symbolische Übergänge genutzt wurde. Sie verläuft auf den Sonnenaufgang zur

Sommersonnenwende und erklärt, wie Stonehenge von seinen Erbauern genutzt und erlebt wurde. Ein Besuch der sichtbaren Teile der Allee vermittelt ein tieferes Verständnis der Landschaft des Monuments und des Planungsaufwands für seinen Bau und seine Nutzung.

Cursus-Denkmäler und Grabhügel

Die Landschaft von Stonehenge umfasst eine Reihe prähistorischer Merkmale jenseits des Hauptsteinkreises. Zwei der wichtigsten sind die Cursus-Monumente und die umliegenden Grabhügel. Diese Strukturen tragen zur Erklärung der langfristigen Bedeutung des Gebiets bei und zeigen, dass rituelle und zeremonielle Aktivitäten Jahrhunderte vor dem Bau des Steinkreises begannen. Sie sind der Schlüssel zum Verständnis, wie Stonehenge in eine viel größere, antike Umgebung passt, die von Generationen von Gemeinschaften für unterschiedliche kulturelle und symbolische Zwecke genutzt wurde.

Der Große Cursus ist eines der ältesten Großmonumente in der Region. Er wurde um 3600 v. Chr. errichtet und ist damit mehrere hundert Jahre älter als die frühesten Phasen von Stonehenge. Es handelt sich um ein langes, schmales Erdwerk mit einer Länge von etwa drei Kilometern und einer Breite von etwa 100 Metern. Es verläuft etwa von Ost nach West, liegt nördlich des Stonehenge-Kreises und ist noch heute als flache Wälle in der Landschaft erkennbar. Es besteht aus zwei parallelen Gräben mit äußeren Wällen, die einen flachen Innenraum umschließen. Die Enden sind abgerundet statt eckig, was dem Monument seine charakteristische längliche Form verleiht.

Der Zweck des Großen Cursus ist nicht vollständig geklärt. Im Gegensatz zu späteren zeremoniellen Monumenten gibt es im Inneren weder eine zentrale Struktur noch Grabstätten oder eindeutige Hinweise auf eine dauerhafte Besiedlung. Die meisten Archäologen interpretieren ihn als zeremoniellen Ort oder als Route für Prozessionen oder rituelle Bewegungen. Seine Ausrichtung steht zwar nicht in direktem Zusammenhang mit Sonnenwenden wie bei Stonehenge, doch seine Größe und sein Alter lassen darauf schließen, dass er bei frühen religiösen oder symbolischen Aktivitäten in der Landschaft eine Rolle spielte.

In der Nähe des Großen Cursus befindet sich der Kleine Cursus, eine kleinere Version desselben Monumenttyps. Er ist kürzer – etwa 400 Meter – und stammt aus einer ähnlichen Zeit. Möglicherweise diente er einer ähnlichen Funktion oder war Teil eines größeren Ritualbereichs, der vor den Hauptphasen von Stonehenge entstand. Diese Cursus-Monumente zeigen, dass das Gebiet bereits lange vor der Ankunft der massiven Sarsensteine eine zeremonielle Bedeutung hatte.

Um den Cursus und Stonehenge selbst herum befinden sich zahlreiche Grabhügel, Erdhügel, die zur Abdeckung von Einzel- oder Gruppengräbern errichtet wurden. Diese Hügel wurden hauptsächlich in der frühen Bronzezeit zwischen 2400 v. Chr. und 1600 v. Chr. errichtet, nachdem der Hauptsteinkreis fertiggestellt worden war. Sie sind in Gruppen und Linien in der Landschaft verteilt und oft auf Bergrücken oder erhöhtem Gelände platziert, wo sie gut sichtbar sind. Die auffälligste Ansammlung dieser Hügel befindet sich auf Normanton Down, südlich von Stonehenge, wo über 40 Hügel einen Friedhof entlang des Bergrückens bilden.

Die Grabhügel im Gebiet von Stonehenge sind typischerweise rund, darunter Schalen-, Glocken- und Scheibenhügel. Jeder Typ weist eine leicht unterschiedliche Struktur und Anordnung auf, doch alle dienten der Bestattung von Toten, oft mit Grabbeigaben wie Töpferwaren, Waffen und persönlichem Schmuck. Diese Funde zeigen, dass die in diesen Hügeln begrabenen Menschen einen hohen Status hatten, und die Bemühung, diese Hügel an prominenter Stelle zu errichten, weist auf die Bedeutung des Bestattungsprozesses in der lokalen Kultur hin.

Einige der Grabhügel wurden ausgegraben und enthüllten eingeäscherte und begrabene Überreste sowie Spuren wiederholter Nutzung. Dies deutet darauf hin, dass die Grabhügel nicht nur einmalige Begräbnisstätten waren, sondern möglicherweise eine langfristige, uralte oder zeremonielle Bedeutung hatten. Die Sichtbarkeit der Grabhügel von Stonehenge und umgekehrt deutet zudem darauf hin, dass sie Teil einer gestalteten Landschaft waren, in der Tod, Erinnerung und Ritual miteinander verbunden waren.

Es besteht eine klare räumliche Beziehung zwischen Stonehenge, dem Cursus und den Grabhügeln. Diese Monumente wurden so positioniert, dass Sichtlinien, zeremonielle Routen und eine visuelle Verbindung über das Gelände hinweg entstanden. Einige Grabhügel sind an bestimmten Tagen auf Sonnenauf- oder -untergang ausgerichtet, andere befinden sich so, dass sie von Menschen gesehen werden konnten, die sich Stonehenge näherten oder es verließen. Dies stützt die Annahme, dass die gesamte Landschaft sowohl für Wohn- als auch für spirituelle Zwecke geplant und koordiniert genutzt wurde.

Viele dieser Merkmale können Besucher auch heute noch auf den vom National Trust und English Heritage verwalteten Wegen besichtigen. Informationstafeln entlang der Wege erläutern Funktion und Geschichte dieser Hügel und Erdwerke. Auch wenn sie optisch nicht besonders beeindruckend wirken, sind sie aufgrund ihrer Größe, ihres Alters und ihrer Verbindung zu Stonehenge unverzichtbar für jeden, der die historische und zeremonielle Bedeutung des Gebiets umfassend verstehen möchte.

Wanderwege des National Trust rund um das Gelände

Der National Trust betreibt mehrere Wanderwege rund um Stonehenge und bietet Besuchern die Möglichkeit, die archäologischen Stätten rund um das Monument zu erkunden. Diese Routen sind kostenlos zugänglich, gut ausgeschildert und bieten die Möglichkeit, die Umgebung abseits der befestigten Wege um den Steinkreis in einem gemächlicheren Tempo zu erkunden. Diese Wege sind besonders nützlich für Besucher, die sich ein umfassenderes Bild von der Gegend über das Monument selbst hinaus machen möchten und bereit sind, mehr Zeit für Wanderungen durch offene Felder, ruhige Hügelketten und alte Zeremoniengelände zu investieren.

Die am häufigsten begangene Route ist der Stonehenge Landscape Trail, der in der Nähe des Besucherzentrums beginnt und einen Rundweg von etwa 7,5 Kilometern bildet. Dieser Weg führt an mehreren wichtigen Sehenswürdigkeiten vorbei, darunter die Avenue, den Cursus, Hügelgräber aus der Bronzezeit und bietet Ausblicke auf Stonehenge aus verschiedenen Blickwinkeln. Der Weg ist unbefestigt, aber bei trockenem Wetter fest, mit einigen sanften Hügeln und unebenem Boden. Er bietet eine gute Mischung aus archäologischen Stätten und Landschaftsblicken, ohne dass Spezialausrüstung oder besondere Fitness erforderlich sind. Die Rundwanderung dauert in der Regel zwei bis drei Stunden, abhängig von Ihrem Tempo und der Dauer der Pausen an den einzelnen Sehenswürdigkeiten.

Ein Abschnitt des Weges führt nach Normanton Down, wo sich einer der beeindruckendsten Hügelgräberfriedhöfe der Gegend befindet. Obwohl die Hügelgräber selbst aufgrund ihres Denkmalschutzes nicht zugänglich sind, ermöglicht der Weg einen direkten Blick. Dieser Abschnitt des Weges bietet einen der besten Ausblicke auf Stonehenge über offene Felder hinweg. Das Begehen dieses Abschnitts hilft den Besuchern zu verstehen, wie die Hügelgräber bewusst platziert wurden, um sie gut sichtbar und markant in der Landschaft zu platzieren.

Ein weiterer wichtiger Abschnitt der Route folgt dem Verlauf der Avenue und bietet einen freien Blick auf den zeremoniellen Prozessionsweg vom Fluss Avon bis zum Steinkreis. Dieser

Abschnitt ist besonders wertvoll, um die beabsichtigte visuelle und symbolische Ansprache von Stonehenge zu verstehen. Der Fußweg verläuft entlang der ehemaligen Avenue und von hier aus können Besucher auch die nahegelegenen Gebiete von West Amesbury und die möglichen Überreste eines Holzkreises am Flussufer erreichen.

Eine kürzere Option ist der Woodhenge and Durrington Walls Walk, der über denselben Parkplatz erreichbar ist, der auch für diese Stätten genutzt wird. Dieser Rundweg ist etwa anderthalb Meilen lang und führt durch die Überreste der großen Siedlung Durrington Walls und das nahegelegene Woodhenge. Obwohl er nicht an den Stonehenge-Besucher-Shuttle angeschlossen ist, ist er dennoch Teil der größeren historischen Landschaft und durch ländliche Wege und ruhige Straßen verbunden. Es ist ein machbarer Spaziergang für Besucher, die einen Einblick in die umliegende Geschichte gewinnen möchten, ohne den längeren Rundweg in Kauf nehmen zu müssen.

Es gibt auch einen ländlichen Cursus-Pfad, der Sie am Rande des Großen Cursus entlangführt und Ihnen weite Ausblicke über die Ebene bietet. Dieser Weg ist weniger frequentiert und eignet sich besser für Besucher mit mehr Zeit, die die belebteren Gebiete rund um das Hauptdenkmal meiden möchten. Obwohl die Ufer des Cursus heute flach und grasbewachsen sind, verdeutlicht diese Route die Größe und

Ausrichtung dieses frühneolithischen Phänomens. Sie kommen auch an verstreuten Grabhügeln vorbei, die entlang des Cursus errichtet wurden, nachdem seine ursprüngliche Nutzung verschwunden war.

Alle diese Wanderwege sind mit kleinen Schildern und bewachten Toren gekennzeichnet, die den Zugang durch Weideflächen ermöglichen, da ein Großteil des Landes noch immer von lokalen Bauern für die Viehzucht genutzt wird. Hunde sind an der Leine erlaubt. Wanderkarten sind im Besucherzentrum oder auf der Website des National Trust erhältlich. Obwohl die Wege im Allgemeinen sicher sind, wird festes Schuhwerk empfohlen, insbesondere bei Nässe. Es gibt keine Bänke oder Unterstände auf den Wegen. Besucher sollten sich daher auf wechselhaftes Wetter einstellen und Wasser oder Snacks mitbringen, wenn sie eine längere Route planen.

Die Nutzung der Wanderwege des National Trust ist kostenlos und ganzjährig geöffnet. Die beste Zeit zum Wandern ist der frühe Morgen oder der späte Nachmittag, wenn das Licht schwächer und die Umgebung ruhiger ist. Diese Zeiten bieten auch bessere Bedingungen zum Fotografieren und ein intensiveres Naturerlebnis. Einige Wanderwege können aufgrund landwirtschaftlicher Arbeiten oder Naturschutzmaßnahmen vorübergehend gesperrt oder umgebaut sein. An den Zugangspunkten weisen Schilder deutlich darauf hin.

Die Wanderwege des National Trust rund um Stonehenge erweitern das Besuchererlebnis und ermöglichen es, die prähistorische Landschaft in ihrer ganzen Pracht zu erleben. Diese Wanderwege verbinden das Monument mit umliegenden Sehenswürdigkeiten wie der Avenue, Grabhügeln, Cursus-Monumenten und antiken Siedlungsstätten. Sie sind besonders wertvoll für diejenigen, die verstehen möchten, wie die Landschaft in der Vergangenheit genutzt wurde und wie sie das heutige Besuchserlebnis prägt.

Ruhige Aussichtspunkte und malerische Fotoplätze

Für Besucher, die ruhigere Aussichtspunkte und malerische Fotomotive rund um Stonehenge suchen, bieten mehrere Orte abseits des Hauptwegs hervorragende Perspektiven und vermeiden gleichzeitig Menschenmassen. Diese Bereiche bieten Platz zum Verweilen, Fotografieren und ungestörten Betrachten des Monuments in einer größeren Landschaft. Einige dieser Orte gehören zum frei zugänglichen Gelände des National Trust, andere liegen an ländlichen Wanderwegen mit öffentlichem Wegerecht.

Einer der beliebtesten ruhigen Plätze befindet sich entlang des für Besucher freigegebenen Weges parallel zur A303, südlich des Steinkreises. Obwohl dieser Weg technisch gesehen außerhalb des kostenpflichtigen Besucherbereichs liegt, bietet er dennoch eine direkte Sicht auf das Monument. Viele Besucher halten hier an, um Weitwinkelfotos von Stonehenge zu schießen, eingerahmt von offenen Feldern und dem Himmel. Da der Platz außerhalb der Absperrung liegt, ist kein Ticket erforderlich, und Besucher können sich so viel Zeit lassen, wie sie möchten. Das Monument ist jedoch noch mehrere hundert Meter entfernt, daher sind lange Objektive für schärfere Bilder nützlich. Dieser Ort ist am frühen Morgen und späten Nachmittag oft ruhig.

Ein weiterer attraktiver Standort ist der Bergrücken nahe Normanton Down, der über einen der Wanderwege des National Trust erreichbar ist. Vom Bergrücken aus hat man eine höhere Lage und einen ungehinderten Blick auf Stonehenge in der Ferne. Die Grabhügelfriedhöfe im Vordergrund erzeugen einen vielschichtigen Effekt, der jedem Foto historische Tiefe verleiht. Da dieser Weg Teil eines längeren Weges ist, erreichen ihn die meisten Gelegenheitsbesucher nicht. Daher ist er eine gute Wahl für alle, die ungestörte Beobachtungen suchen.

Der Avenue-Pfad bietet ebenfalls hervorragende Fotomotive, insbesondere bei Sonnenaufgang zur Sommersonnenwende. Der Weg führt bergab in Richtung Nordosten des Steinkreises und bietet eine lineare Perspektive, die der Ausrichtung des Denkmals entspricht. Der beste Zugang ist zwar vom kostenpflichtigen Gelände aus möglich, doch auch der Blick von außerhalb der Zäune entlang des öffentlichen Weges vermittelt einen Eindruck vom zeremoniellen Ablauf. Das frühe Morgenlicht aus dieser Richtung beleuchtet die Ostseite der Steine und wirft lange, scharfe Schatten – ideal für Landschaftsfotografie.

Östlich des Geländes, nahe West Amesbury, gibt es einen Zugang zu einem Teil der alten Prozessionsroute, die zum Fluss Avon führt. Obwohl das Denkmal nicht von überall aus sichtbar ist, bieten ausgewählte Aussichtspunkte eine natürlichere Umgebung mit weniger Besuchern und freiem Blick über die Ebene. Wildtiere sind hier häufiger anzutreffen, und das Licht am späten Nachmittag ist meist weich und ausgeglichen, was sich für Weitwinkelaufnahmen der Umgebung mit Stonehenge im Hintergrund eignet.

Für Besucher des Besuchershuttles bietet der Haltepunkt vor dem Hauptzugang zu den Steinen ebenfalls einen guten seitlichen Blick. Dies ist einer der wenigen Haltepunkte des Shuttles. Obwohl es technisch gesehen kein ruhiger Ort ist, finden Besucher, die den Menschenansammlungen am Geländer aus dem Weg gehen und den Wanderweg weitergehen, ungestört Platz zum Fotografieren. Die Kombination aus Entfernung und Blickwinkel hilft, die kreisförmige Anordnung der Steine deutlich einzufangen.

Innerhalb des Steinkreises ist während der Zugangszeiten der Stone Circle Experience, die frühmorgens oder spätabends stattfinden, das Fotografieren ohne Absperrungen gestattet. Diese Sitzungen ermöglichen Nahaufnahmen, Draufsichten durch die Türstürze und Aufnahmen aus dem inneren Hufeisen. Da die Teilnehmerzahl stark begrenzt ist, ist die Wahrscheinlichkeit für klare Bilder ohne Personen im Bild höher. Blitz, Stative und kommerzielle Ausrüstung sind jedoch weiterhin nicht erlaubt, sofern nicht ausdrücklich gestattet.

Bei der Planung von Fotografien ist die Lichtrichtung wichtig. Das Denkmal ist nach Osten und Westen weitgehend offen, sodass sowohl Sonnenaufgang als auch Sonnenuntergang starke Kontraste und Schatten erzeugen, die die Textur der Sarsensteine hervorheben. Das Mittagslicht ist flacher und gleichmäßiger, aber weniger dramatisch. Bewölkte Tage, wie sie in diesem Teil Englands häufig vorkommen, können das Licht für eine ausgewogene Belichtung mildern, verringern aber Kontrast und Tiefe.

Die beste Zeit für einen Besuch dieser Orte ist vor 10:00 Uhr oder nach 16:00 Uhr, insbesondere außerhalb der Hauptreisezeit. Im Herbst und Winter sind weniger Besucher unterwegs, und obwohl das Wetter unvorhersehbar sein kann, sorgt die Möglichkeit, die Stätte bei schwachem Licht oder Morgennebel zu fotografieren, für Abwechslung.

Sehenswürdigkeiten in der Nähe

Old Sarum: Ruinen einer Hügelfestung und Kathedrale aus der Eisenzeit

Old Sarum ist eine bedeutende historische Stätte, etwa drei Kilometer nördlich des heutigen Salisbury und rund 16 Kilometer südlich von Stonehenge. Sie weist menschliche Besiedlungsschichten auf, die sich über 2.000 Jahre erstrecken, und ist damit eine der bedeutendsten Kulturdenkmäler Südenglands. Die Stätte umfasst die Überreste einer eisenzeitlichen Hügelfestung, einer normannischen Motte und die Fundamente einer einst bedeutenden mittelalterlichen Kathedrale.

Die früheste bekannte Nutzung des Geländes begann in der Eisenzeit um 400 v. Chr., als es als große Bergfestung ausgebaut wurde. Die Verteidigungsanlagen bestanden aus konzentrischen Gräben und erhöhten Wällen und umschlossen ein Gebiet von etwa 11 Hektar. Der Standort wurde aufgrund seiner strategischen Lage mit Blick auf die umliegende Landschaft und die Flusstäler gewählt. Die Wälle und Gräben sind gut erhalten und prägen noch heute die Aussicht. Der äußere Wall und der Graben sind groß genug, um umrundet zu werden, was einen deutlichen Eindruck von der Größe und Bedeutung des Geländes vermittelt.

Während der Römerzeit blieb das Gebiet in Gebrauch, entwickelte sich jedoch nicht zu einer bedeutenden Siedlung wie das nahegelegene Sorviodunum (das heutige Salisbury). Nach dem Abzug der Römer aus Britannien blieb der Ort im Frühmittelalter weiterhin bewohnt. Zur Zeit der normannischen Eroberung im Jahr 1066 war Old Sarum bereits eine anerkannte Festung, und die Normannen nutzten die vorhandenen Erdwerke im späten 11. Jahrhundert zum Bau einer Motte-and-Bailey-Burg.

Auch die Normannen errichteten in Old Sarum eine Kathedrale. Der Bau begann in den frühen 1070er Jahren, und die Kathedrale diente als Sitz des Bistums Salisbury. Die Entscheidung, die Kathedrale in einer Militärfestung zu errichten, war ungewöhnlich und wurde schließlich problematisch. Geistliche und Militär waren sich oft uneinig, insbesondere hinsichtlich Platz, Ressourcen und Wasserversorgung. Trotz dieser Schwierigkeiten blieb die Kathedrale über ein Jahrhundert lang in Gebrauch. Im frühen 13. Jahrhundert erhielten die Kirchenbehörden die Erlaubnis, an einen neuen Standort umzuziehen. Dies führte zur Gründung des heutigen Salisbury und zum Bau der neuen Kathedrale von Salisbury im Jahr 1220. Nach Fertigstellung der neuen

Kathedrale wurde die Kathedrale von Old Sarum aufgegeben, und ihre Steine wurden später für den Neubau wiederverwendet.

Heute können Besucher von Old Sarum den gesamten Grundriss der Wallburg erkunden und die sichtbaren Überreste der mittelalterlichen Bauten bewundern. Die äußeren Wälle sind zu Fuß erreichbar und bieten einen weiten Blick auf die umliegende Landschaft von Wiltshire. Diese Gebiete sind bei Spaziergängern beliebt und bieten einen Panoramablick auf die Region. Im inneren Burghof können Besucher die Ruinen der Kathedrale besichtigen, einschließlich der Steinfundamente, die ihre ursprüngliche Form nachzeichnen. Außerdem sind Reste der Burgmauern, des Torhauses und normannischer Mauerwerke erhalten.

Hinweisschilder erläutern die verschiedenen Besiedlungsphasen. Die Stätte wird von English Heritage verwaltet. Es gibt einen kleinen Besucherbereich mit grundlegenden Annehmlichkeiten und Parkplätzen. Old Sarum ist zwar optisch nicht so beeindruckend wie Stonehenge, hat aber einen hohen historischen Wert und ist besonders interessant für diejenigen, die die Entwicklung der britischen Siedlungsmuster von der Eisenzeit bis ins Mittelalter verfolgen möchten. Im Vergleich zu belebteren Stätten in der Nähe bietet es zudem eine ruhigere und offenere Umgebung.

Old Sarum lässt sich am besten zu Fuß erkunden, wenn Sie in Salisbury übernachten, da ein markierter Wanderweg die Stadt mit der Bergfestung verbindet. Der Weg folgt einem Teil der historischen Linie zwischen der alten und der neuen Kathedrale und bietet eine hervorragende Möglichkeit, den allmählichen Wandel von einem Zentrum religiöser und politischer Macht zum anderen zu erleben. Die Stätte ist ganzjährig geöffnet. Im Sommer bieten die längeren Tageslichtstunden mehr Zeit, die umliegenden Wege und die Ruinen im Inneren zu erkunden.

Old Sarum ist eine archäologische Stätte aus verschiedenen Epochen, darunter eine Festung aus der Eisenzeit, eine normannische Burg und eine mittelalterliche Kathedrale. Sie spielte eine zentrale Rolle in der frühen Entwicklung von Salisbury und veranschaulicht den Wandel der religiösen und politischen Machtverhältnisse im Laufe der Zeit. Besucher der Stonehenge-Region, die sich für Geschichte und Landschaftsarchäologie interessieren, finden in Old Sarum eine wertvolle und friedliche Ergänzung ihrer Reise.

Kathedrale von Salisbury und mittelalterliches Stadtzentrum

Die Kathedrale von Salisbury ist das Wahrzeichen der Stadt Salisbury und eines der bekanntesten und historisch bedeutendsten Gebäude Südenglands. Die 1258 fertiggestellte Kathedrale ist bekannt für ihren mit 123 Metern höchsten Kirchturm Großbritanniens. Für ein Bauwerk dieser Größe wurde sie in bemerkenswert kurzer Zeit errichtet, was zur architektonischen Einheitlichkeit des gesamten Gebäudes beiträgt. Ihr Bau markierte die Verlagerung religiöser und bürgerlicher Macht von Old Sarum in die neue Siedlung Salisbury.

Die Kathedrale hat eine für die englische Gotik typische Kreuzform und wurde aus Steinen aus der Region erbaut. Das Kirchenschiff, der Kreuzgang und der Kapitelsaal sind für Besucher zugänglich, und das Innere ist nach wie vor ein Ort der Anbetung. Die Kathedrale ist täglich geöffnet und Besucher können die Hauptbereiche kostenlos erkunden. Spenden sind jedoch erwünscht. Führungen oder der Zugang zum Turm sind kostenpflichtig.

Im Inneren der Kathedrale befindet sich eines der besterhaltenen Originale der Magna Carta aus dem Jahr 1215. Dieses Dokument ist im Kapitelsaal ausgestellt, der sich durch seine achteckige Form und den geschnitzten Fries mit biblischen Szenen auszeichnet. Die Magna Carta wird zum Schutz ihres Zustands gedämpft beleuchtet und klimatisiert. Begleitet wird sie von erläuternden Tafeln, die ihren Ursprung, ihre Bedeutung und ihre anhaltende Relevanz für die Rechts- und Verfassungsgeschichte erläutern.

Ein weiteres interessantes Merkmal ist die Uhr der Kathedrale, die aus der Zeit um 1386 stammt und als die älteste funktionierende mechanische Uhr der Welt gilt. Sie befindet sich im nördlichen Seitenschiff und funktioniert auch heute noch ohne Zifferblatt, da sie so konzipiert wurde, dass sie die Stunden mit einer Glocke schlägt.

Das Domgelände, bekannt als „The Close", bildet den größten Domplatz Großbritanniens. Es ist von historischen Häusern, Museen und ehemaligen Kirchenresidenzen umgeben. Der Platz ist eine ruhige, grüne Oase, ideal zum Spazierengehen oder Ausruhen und bietet einen umfassenden Blick auf die Kathedrale aus verschiedenen Blickwinkeln. Überall gibt es Bänke und Wege, und das Gelände wird das ganze Jahr über gepflegt.

Rund um die Kathedrale können mehrere bemerkenswerte Gebäude besichtigt werden. Dazu gehören Arundells, einst das Zuhause des ehemaligen Premierministers Edward Heath, das

Salisbury Museum im King's House und Mompesson House, ein erhaltenes Stadthaus aus dem 18. Jahrhundert, das vom National Trust verwaltet wird. Diese Gebäude liefern einen weiteren Einblick in die Geschichte und Entwicklung der Region vom Mittelalter bis zur Neuzeit.

Das mittelalterliche Stadtzentrum von Salisbury erstreckt sich vom Domviertel aus und hat seinen ursprünglichen, gitterförmigen Straßenplan bewahrt. Die Straßen sind schmal, begehbar und voller historischer Gebäude, Fachwerkhäuser und kleiner, unabhängiger Geschäfte. Der Marktplatz bildet das Herzstück des Stadtzentrums und beherbergt seit Jahrhunderten Freiluftmärkte. Dienstags und samstags findet dort noch immer ein moderner Markt statt. In der Nähe befindet sich die Guildhall, die für öffentliche Veranstaltungen genutzt wird.

Zu den weiteren historischen Sehenswürdigkeiten der Stadt zählen das Poultry Cross, ein mittelalterliches Marktgebäude, das den Standort des ehemaligen Geflügelmarktes markiert, und die St.-Thomas-Kirche, die für ihr detailreiches „Jüngstes Gericht"-Gemälde über dem Chorbogen bekannt ist. Dieses Gemälde aus dem 15. Jahrhundert stellt Szenen des Jüngsten Gerichts dar und ist eines der am besten erhaltenen Beispiele seiner Art in England.

Besucher können das Stadtzentrum zu Fuß erkunden, da es kompakt und größtenteils eben ist. Das Gebiet ist gut an den öffentlichen Nahverkehr angebunden, und Parkplätze stehen am Stadtrand zur Verfügung. Cafés, traditionelle Pubs und moderne Restaurants sind leicht zu finden, viele davon befinden sich in historischen Gebäuden mit originalen Details. Saisonale Veranstaltungen wie Kunsthandwerksmessen, Kunstmärkte und Festivals sorgen zusätzlich für Aktivität im Zentrum, insbesondere in den wärmeren Monaten.

Die Stadt Salisbury ist ein idealer Ausgangspunkt für die Besichtigung von Stonehenge und der umliegenden Kulturdenkmäler. Die Mischung aus erhaltenem mittelalterlichen Stadtbild, pulsierendem Geschäftsleben und dem Zugang zu einer der bedeutendsten Kathedralen Großbritanniens macht sie zu einer idealen Ergänzung zum prähistorischen Stonehenge. Während Stonehenge Einblicke in die antike Vergangenheit bietet, spiegeln die Kathedrale von Salisbury und ihr Stadtzentrum die vielschichtige Geschichte wider, die die Region vom Mittelalter bis in die Gegenwart geprägt hat.

Amesbury: Großbritanniens älteste durchgehend bewohnte Stadt

Amesbury liegt nur wenige Kilometer von Stonehenge entfernt und gilt als die älteste durchgehend bewohnte Siedlung Großbritanniens. Archäologische Funde belegen, dass das Gebiet seit etwa 8820 v. Chr. besiedelt ist und damit zu den ältesten menschlichen Siedlungen Nordeuropas zählt. Diese lange Geschichte ist nicht nur wissenschaftlicher Natur – Spuren menschlicher Aktivitäten, häuslichen Lebens, Begräbnisstätten und Ritualstätten sind in der Gegend sichtbar, und Amesbury ist auch heute noch eine lebendige Stadt mit öffentlichen Einrichtungen, Schulen und Wohnvierteln.

Das moderne Amesbury ist eine Kleinstadt mit etwa 12.000 Einwohnern. Sie liegt am Fluss Avon und an der A303, der Hauptverkehrsstraße zwischen London und dem Südwesten Englands. Trotz seiner Größe spielt Amesbury eine Schlüsselrolle in der Stonehenge-Landschaft. Viele der Archäologen und Mitarbeiter, die in Stonehenge arbeiten oder es erforschen, sind in oder in der Nähe der Stadt ansässig. Für Besucher ist Amesbury die nächstgelegene Stadt zum Monument und bietet praktische Einrichtungen wie Hotels, Supermärkte, Tankstellen, Cafés und lokale Restaurants.

Einer der bedeutendsten archäologischen Funde in Amesbury ist der 2002 entdeckte Amesbury Archer. Der Bogenschütze wurde um 2300 v. Chr. begraben, und sein Grab wurde in der Nähe von Boscombe Down, etwas außerhalb der Stadt, gefunden. Ihm wurden über 100 Gegenstände beigesetzt, darunter goldener Haarschmuck, Kupfermesser, Steinwerkzeuge und Feuersteinpfeilspitzen. Isotopenanalysen ergaben, dass er aus Mitteleuropa, möglicherweise aus der Schweiz oder Deutschland, stammte und im Laufe seines Lebens nach Großbritannien zog. Dieser Fund bestätigt, dass während des Baus von Stonehenge Menschen aus weit entfernten Regionen in der Gegend aktiv waren und dass Amesbury als Zentrum menschlicher Bewegung und kulturellen Austauschs eine wichtige Rolle spielte.

Neben seiner prähistorischen Bedeutung war Amesbury auch in der Römer- und Sachsenzeit von Bedeutung. Die Stadt ist im Domesday Book von 1086 erwähnt und entwickelte sich später zu einem Marktflecken. Im Mittelalter beherbergte sie eine Benediktinerabtei, die im 10. Jahrhundert gegründet und später in ein Priorat umgewandelt wurde. Obwohl von den ursprünglichen Gebäuden nur noch wenige Überreste erhalten sind, hatte der Ort noch mehrere Jahrhunderte lang religiöse Bedeutung. In der nachmittelalterlichen Zeit blieb Amesbury klein, aber stabil. Seine Lage in der Nähe der Salisbury Plain beeinflusste seine Nutzung als Zwischenstation für Reisen und Handel.

Auch heute noch können Besucher einen Teil dieser langen Geschichte erleben. Die Stadt verfügt über Wanderwege, die sie mit nahegelegenen historischen Sehenswürdigkeiten wie Woodhenge und Durrington Walls verbinden. Vom Stadtzentrum aus kann man Stonehenge über lokale Fußwege oder kurze Straßenabschnitte zu Fuß erreichen. Es gibt außerdem einen kleinen Kulturpfad in der Stadt mit Informationstafeln, die die historische Entwicklung der Stadt und ihre Verbindung zur umgebenden Landschaft erläutern.

Das Amesbury Museum and Heritage Trust ist zwar nicht besonders groß, beherbergt aber eine Sammlung lokaler Artefakte und informative Ausstellungen, die die Rolle der Stadt im Stonehenge-Weltkulturerbe beleuchten. Das Museum wird von der Gemeinde betrieben und bietet Einblicke, die an größeren nationalen Stätten nicht immer möglich sind. Daher ist es ein interessanter Anlaufpunkt für alle, die tiefere Einblicke in die lokale Geschichte gewinnen oder den Alltag der Menschen in der Region zu verschiedenen Zeiten verstehen möchten.

Die Stadt bietet eine Reihe von Unterkunftsmöglichkeiten, insbesondere für diejenigen, die in der Nähe von Stonehenge, aber außerhalb des größeren, geschäftigeren Salisbury übernachten möchten. Es gibt lokale Pensionen, kleine Hotels und Ferienwohnungen. Annehmlichkeiten wie Lebensmittelgeschäfte, Restaurants, Pubs und eine gute Anbindung an den öffentlichen Nahverkehr machen Amesbury auch für Reisende ohne Auto praktisch. Von Amesbury aus gibt es Busverbindungen nach Salisbury und in andere nahegelegene Orte.

Amesbury hat sich eine ruhige, wohnliche Atmosphäre bewahrt. Der Ort ist touristisch wenig erschlossen, was für Besucher, die eine ruhigere Unterkunft suchen, während sie die Landschaft von Stonehenge erkunden, von Vorteil sein kann. Das bescheidene Erscheinungsbild der Stadt kann angesichts der historischen Bedeutung der Region irreführend sein, doch dieser Kontrast bietet die Möglichkeit, darüber nachzudenken, wie sich das alltägliche moderne Leben über Jahrtausende menschlicher Geschichte hinaus entwickelt hat.

Amesbury ist nicht nur die nächstgelegene Stadt zu Stonehenge, sondern auch ein Ort von nationaler archäologischer Bedeutung. Seine kontinuierliche Besiedlung, bedeutende Entdeckungen wie der Amesbury Archer und die fußläufigen Verbindungen zu anderen bedeutenden prähistorischen Stätten machen es zu einem wertvollen Bestandteil des Besuchererlebnisses. Wer die lange Geschichte der menschlichen Präsenz in der Region verstehen möchte, sollte Amesbury in seinen Besuch einbeziehen – entweder als Ausgangspunkt oder als Zwischenstopp für weitere Erkundungen.

Stonehenge Landscape Drive Route (mit dem Auto)

Die Landschaft von Stonehenge lässt sich nicht nur zu Fuß, sondern auch mit dem Auto erkunden. Das ist besonders praktisch für Besucher, die in kurzer Zeit mehr Strecke zurücklegen möchten oder mit Familienmitgliedern reisen, deren Mobilität eingeschränkt ist. Die umliegenden Straßen und Feldwege bieten Zugang zu wichtigen archäologischen Stätten und Aussichtspunkten innerhalb des Weltkulturerbes. Allerdings sind nicht alle Bereiche befahrbar, und in bestimmten Zonen ist das Parken eingeschränkt. Eine frühzeitige Planung der Fahrtroute hilft, verpasste Abzweigungen zu vermeiden und stellt sicher, dass Besucher das Beste aus dem Angebot außerhalb des kostenpflichtigen Besucherzentrums herausholen.

Eine typische Rundfahrt durch Stonehenge beginnt in Amesbury oder Salisbury und führt über einen Rundkurs, der je nach Anzahl der Stopps zwei bis vier Stunden dauern kann.

Von Amesbury aus führt die Fahrt auf der Countess Road (A345) Richtung Norden zum Countess Roundabout, wo Sie der A303 Richtung Westen folgen können. Diese Hauptstraße verläuft südlich des Stonehenge-Monuments und bietet den besten Blick auf die Steine. Während das Anhalten auf der A303 aufgrund des hohen Verkehrsaufkommens verboten und gefährlich ist, können Sie das Monument aufgrund der häufigen Verkehrsstaus in der Gegend bei langsamer Fahrt durch das Beifahrerfenster betrachten. Dieser Blick ist beliebt, eignet sich aber nicht zum Fotografieren oder für längere Stopps.

Nehmen Sie die A303 an der Ausfahrt zum Stonehenge-Besucherzentrum und folgen Sie der ausgeschilderten Straße zum Hauptparkplatz. Wenn Sie ein Ticket im Voraus gebucht haben, beginnt hier Ihr offizieller Besuch der Stätte. Nach der Besichtigung der Steine können Sie die kleinen Straßen entlang der Salisbury Plain weiterfahren. Verlassen Sie das Besucherzentrum und nehmen Sie die Straße nordöstlich in Richtung Larkhill. Diese verläuft in der Nähe des Beginns der Avenue und ermöglicht Ihnen den Anschluss an die Straße, die in einer Schleife zu den Durrington Walls und Woodhenge führt.

Durrington Walls, eine große neolithische Siedlung und ein Henge, bietet kostenlose Parkplätze in der Nähe und ist von der

Straße aus in einem kurzen Spaziergang erreichbar. Ein Besuch hier bietet Einblicke in die Gemeinschaft, die Stonehenge möglicherweise erbaut oder genutzt hat. Direkt daneben liegt Woodhenge, dessen kreisförmiger Grundriss durch Betonpfosten markiert ist. Diese beiden Stätten sind nur eine kurze Fahrt vom Hauptmonument entfernt, aber wichtig für das Verständnis des größeren zeremoniellen Netzwerks in der Landschaft.

Wenn Sie weiter nördlich durch Larkhill fahren und nach Westen abbiegen, gelangen Sie auf den Packway (B3086), eine Straße, die parallel zur Nordseite des Welterbegebiets verläuft. Diese Gegend ist ruhiger und weniger befahren. Sie führt an Militärgebieten vorbei, bietet aber auch Zugang zu Fußwegen und erhöhten Aussichtspunkten wie Fargo Road und Normanton Down. Diese Orte bieten weite, freie Ausblicke auf die Landschaft und werden oft von Fotografen genutzt, die Stonehenge im Kontext der umliegenden Ebenen einfangen möchten.

Um die Schleife zu schließen, folgen Sie den Straßen westlich des Denkmals durch Berwick St. James und Shrewton. Biegen Sie von dort nach Süden in Richtung A360 ab. Diese Route ermöglicht Ihnen, je nach Ihrem nächsten Ziel nach Salisbury zurückzukehren oder zur A303 zurückzukehren. Unterwegs können Sie von der Straße aus, insbesondere in der Nähe der

Hügelkuppen, Hügelgräber und andere Erdarbeiten erkennen. Dies sind Überreste der Grabhügel, die das Gebiet um das Denkmal dominieren.

Die Fahrzeiten zwischen den einzelnen Stopps sind kurz – in der Regel zwischen 5 und 15 Minuten –, es sollte jedoch zusätzliche Zeit für die Fahrt über einspurige Straßen oder durch gelegentlichen landwirtschaftlichen Verkehr eingeplant werden. Direkt in der Umgebung von Stonehenge gibt es nur wenige Tankstellen. Daher empfiehlt es sich, vor Beginn der Rundreise in Amesbury oder Salisbury zu tanken. Der Mobilfunkempfang ist auf Hauptstraßen in der Regel zuverlässig, kann aber in ländlichen Gebieten nachlassen. Daher empfiehlt es sich, eine gedruckte Karte zu verwenden oder Offline-Navigationsrouten herunterzuladen.

Die Fahrtroute eignet sich am besten tagsüber, insbesondere im Winter, wenn die Straßen nass oder neblig sein können. Morgens und am späten Nachmittag bietet das Licht sanftere und ruhigere Straßen, ideal zum Nachdenken und Fotografieren. In der Landschaft selbst gibt es nur wenige Restaurants. Packen Sie daher Essen ein oder planen Sie Zwischenstopps in Amsbury oder Salisbury ein, um die Zeit besser einzuteilen.

Diese Autoroute bietet einen umfassenden Einblick in die gesamte Landschaft von Stonehenge, von zeremoniellen Stätten über Grabhügel bis hin zu Prozessionswegen. Sie bietet eine Alternative zum Wandern und ermöglicht dennoch den Zugang zu wichtigen Stätten. Besucher, die diese Route mit kurzen Spaziergängen an strategischen Haltepunkten kombinieren, erhalten ein umfassendes Erlebnis der archäologischen und ökologischen Besonderheiten der Region.

Lokale Märkte, Museen und kulturelle Stopps

Besucher des Stonehenge-Gebiets können mehr als nur das prähistorische Monument bewundern. Die umliegenden Städte und Dörfer bieten lokale Märkte, Museen und kleine kulturelle Stationen, die das Reiseerlebnis abwechslungsreicher gestalten. Diese Orte helfen Besuchern, mit der heutigen Bevölkerung in Kontakt zu treten und die historischen Schichten zu verstehen, die die Region über Jahrtausende geprägt haben.

In Salisbury, der wichtigsten Stadt der Region, ist der zweimal wöchentlich stattfindende Charter Market nach wie vor ein lebendiges Zentrum des lokalen Handels. Er findet jeden Dienstag und Samstag auf dem Marktplatz statt. Der Markt bietet eine breite Mischung aus Ständen, darunter frische Produkte, Backwaren, Käse, Fleisch, Blumen, Kleidung und Haushaltswaren. Mehrere lokale Bauern und kleine Lebensmittelproduzenten nutzen den Markt für den Direktverkauf, was ihn zu einem idealen Ort macht, um regionale Spezialitäten zu probieren oder Picknickutensilien zu kaufen. Er spiegelt auch die historische Rolle wider, die Salisbury seit seiner mittelalterlichen Gründung als Marktzentrum spielt. In der Guildhall, die an den Platz grenzt, finden gelegentlich Ausstellungen oder lokale Veranstaltungen statt, die auf die Markttage abgestimmt sind.

Salisbury bietet je nach Saison auch überdachte Einkaufsstraßen und kleinere Kunsthandwerksmärkte. Um Weihnachten und an Sommerwochenenden können Themenstände entstehen, an denen oft Handarbeiten, Kunstwerke und regionale Spezialitäten verkauft werden. Diese verleihen der Stadt vorübergehend einen kulturellen Mehrwert und bieten Reisenden die Möglichkeit, kleine, unabhängige Unternehmen zu unterstützen.

Das Salisbury Museum befindet sich im Cathedral Close, nahe dem Haupteingang zum Domgelände. Es beherbergt eine bedeutende Sammlung archäologischer Funde aus Stonehenge und Wessex, darunter Fundstücke aus dem Grab des Bogenschützen von Amesbury und anderen lokalen

Grabhügeln. Das Museum zeigt außerdem Ausstellungen zur mittelalterlichen und Tudor-Geschichte der Stadt sowie Kostüme, Karten und Kunstwerke. Für Besucher, die sich für die prähistorische Zeit interessieren, bietet die Stonehenge-Galerie im Museum einen detaillierten Kontext und zeigt, wie die Stätte in die breitere kulturelle Entwicklung Südbritanniens eingeordnet wird. Temporäre Ausstellungen konzentrieren sich oft auf lokale Künstler, regionales Kunsthandwerk oder wechselnde Themen, die mit laufenden archäologischen Arbeiten in Verbindung stehen.

Ein weiteres wichtiges Museum ist das Wiltshire Museum in Devizes, etwa 45 Autominuten nördlich von Stonehenge. Es ist zwar etwas anfahrtsbedürftig, ist aber für die reichhaltigste Sammlung aus der Bronzezeit in England bekannt, darunter viele Artefakte aus den Grabhügeln rund um Stonehenge. Die Ausstellungen sind gut nach Epochen geordnet und vermitteln einen Einblick in die Wessex-Kultur, die zum Bau des Monuments beitrug. Für Geschichtsinteressierte ist dieses Museum ein empfehlenswerter Bestandteil ihrer Reise.

Näher an Amesbury liegt das Amesbury History Centre, das zwar kleiner ist, sich aber direkt auf die Region konzentriert. Es unterstreicht Amesburys Status als älteste durchgehend bewohnte Stadt des Landes und bietet Informationsmaterial über aktuelle Ausgrabungen und historische Entwicklungen.

Die Ausstellungen werden hier in einem informelleren Stil präsentiert, und die Mitarbeiter sind oft Freiwillige aus der örtlichen Gemeinde, die direkt mit den Forschungsarbeiten in der Region verbunden sind.

Kulturell bieten mehrere Kirchen und kleine Kapellen in der Umgebung architektonisch und historisch interessante Orte. Die St. Mary and St. Melor Church in Amesbury beispielsweise stammt aus dem 10. Jahrhundert und befindet sich in der Nähe der ehemaligen Amesbury Abbey. Die Kirche wurde mehrfach renoviert, bewahrt aber Elemente aus verschiedenen Jahrhunderten, darunter normannisches Mauerwerk, mittelalterliche Gräber und eine viktorianische Orgel.

Auch die Pubs und Gasthäuser in Dörfern wie Durrington, Shrewton und Winterbourne Stoke spiegeln das traditionelle englische Leben wider. Viele dieser Lokale existieren seit Jahrhunderten und dienen noch heute als gesellschaftliche Treffpunkte. Sie sind oft mit historischen Fotografien, Karten oder Artefakten dekoriert, die die Geschichte der Region erzählen. Manche veranstalten sogar Quizabende, Folkmusik-Sessions oder lokale Vorträge, je nach Jahreszeit und Gemeindekalender.

Schließlich können saisonale Festivals und lokale Messen einen Besuch kulturell bereichern, wenn sie mit Ihren

Reisedaten übereinstimmen. Dazu gehören Salisburys Kunstfestivals, Essens- und Getränkewochenenden sowie geschichtsträchtige Veranstaltungen. Diese Veranstaltungen sind zwar kleiner als große Stadtfestivals, bieten aber eine persönlichere, gemeinschaftsorientiertere Atmosphäre und ermöglichen es Besuchern, Einheimische kennenzulernen und lokale Traditionen hautnah zu erleben.

Praktische Reisetipps

Was Sie einpacken sollten: Kleidung, Schuhe und das Nötigste

Für einen komfortablen und praktischen Besuch ist es wichtig, für eine Reise nach Stonehenge die richtige Ausrüstung zu packen. Die Stätte ist den Elementen völlig ausgesetzt, und rund um den Steinkreis und die umliegende Landschaft gibt es nur begrenzt Schutz. Das Wetter in Wiltshire kann sich selbst in den wärmeren Monaten schnell ändern. Daher ist es wichtig, sowohl auf trockene als auch auf nasse Bedingungen vorbereitet zu sein.

Die Kleidung sollte der Jahreszeit entsprechend gewählt werden, aber mehrere Schichten Kleidung sind zu jeder Jahreszeit sinnvoll. Im Frühling und Herbst können die Temperaturen von kühl am Morgen bis mild am Mittag reichen, mit der Möglichkeit von Wind oder Schauern. Eine leichte, wasserdichte Jacke oder Windjacke wird dringend empfohlen, da es rund um das Denkmal selbst keine Überdachungen gibt. Im Sommer kann ein langärmeliges Hemd vor Sonneneinstrahlung schützen und gleichzeitig atmungsaktiv sein. Ein kompakter Regenschirm oder eine verstaubare Regenjacke sollte ebenfalls dabei sein. Im Winter kann der kalte Wind über der Ebene die Gegend kälter erscheinen lassen, als sie ist. Daher sind ein warmer Mantel, ein Schal, eine Mütze und Handschuhe ratsam.

Schuhe sind ein wichtiger Bestandteil Ihrer Packliste. Besucher von Stonehenge verbringen die meiste Zeit im Freien. Der Hauptweg und die Haltestelle des Shuttlebusses sind befestigt, die Wanderwege, Aussichtspunkte und andere nahegelegene historische Stätten wie die Durrington Walls, der Cursus und die Avenue sind jedoch über Gras- oder Schotterwege erreichbar. Bequeme, geschlossene Wanderschuhe oder Wanderstiefel mit gutem Halt sind ideal, insbesondere bei Nässe oder Schlamm. Turnschuhe können bei trockenem Wetter hilfreich sein, Sandalen und elegante Schuhe sind jedoch ungeeignet, um das Gebiet gründlich zu erkunden.

Sonnenschutz gehört zur Grundausstattung, auch an bewölkten Tagen. Sonnencreme, Sonnenhut oder -kappe sowie Sonnenbrille werden zwischen Mai und September empfohlen. Nachfüllbare Wasserflaschen sind nützlich, insbesondere da der Wanderweg über eine Stunde dauern kann, wenn er vollständig bewältigt ist, und Trinkbrunnen oder Verkaufsstände abseits des Besucherzentrums nur begrenzt verfügbar sind. Kleine Rucksäcke sind erlaubt und praktisch für Wasser, Snacks und zusätzliche Kleidung. Vermeiden Sie große Taschen, da diese möglicherweise kontrolliert werden oder Einschränkungen unterliegen.

Es ist üblich, eine Kamera oder ein Smartphone mit vollem Akku mitzubringen. Besucher, die längere Fotosessions planen, benötigen möglicherweise auch eine Powerbank. Stative sind im Hauptsteinkreis während regulärer Besuche nicht gestattet. Zu Sonderzeiten können sie jedoch nach vorheriger Genehmigung erlaubt sein. Ferngläser sind optional, aber nützlich für diejenigen, die weit entfernte Objekte in der Landschaft betrachten möchten, darunter Grabhügel oder das Gebiet des Flusses Avon.

Es empfiehlt sich, eine gedruckte Karte oder eine heruntergeladene Offline-Karte der Wanderrouten und nahegelegenen Sehenswürdigkeiten mitzubringen. Der Mobilfunkempfang ist zwar in der Regel zuverlässig, auf manchen ländlichen Wegen kann es jedoch zu eingeschränktem Empfang kommen, insbesondere in Richtung Normanton Down oder abgelegeneren Abschnitten des Weges. Ein Ausdruck der Buchungsdaten ist, insbesondere für internationale Besucher, ebenfalls hilfreich, falls der Handyempfang unterbrochen wird.

Wenn Sie mit Kindern oder älteren Besuchern reisen, sollten Sie zusätzliche Gegenstände wie faltbare Spazierstöcke, kleine

Decken für Ruhezonen oder leichte, faltbare Sitzgelegenheiten einpacken, wenn Sie längere Zeit im Freien verbringen möchten. Für Familien sind außerdem Feuchttücher, Handdesinfektionsmittel und mehrlagige Kleidung für jüngere Kinder wichtig. Das Wetter kann sich schnell ändern, und Kinder benötigen je nach Tag möglicherweise zusätzliche Kleidungsschichten oder Sonnenschutz.

Was Bargeld angeht, können die meisten Einkäufe im Besucherzentrum, im Souvenirladen und im Café kontaktlos mit Karte bezahlt werden. Bargeld ist jedoch sinnvoll, wenn Sie kleine lokale Geschäfte, Märkte oder unabhängige Haltestellen in nahegelegenen Städten wie Amesbury besuchen möchten.

Wer seine Reise über Stonehenge hinaus fortsetzt, sollte beim Packen auch regionale Reisen berücksichtigen. Egal, ob Sie in Salisbury bleiben oder weiter nach Wiltshire reisen, das Gepäck sollte leicht und tragbar sein. Rollkoffer sind für den Einsatz im Gelände nicht geeignet, daher ist eine Kombination aus Reisetasche und Tagesrucksack besser geeignet.

Hinweise zu Mobilfunksignal, WLAN und SIM-Karte

Der Mobilfunkempfang rund um Stonehenge ist in den meisten Teilen des Hauptbesucherbereichs im Allgemeinen stabil, die Servicequalität kann jedoch je nach Anbieter und Standort leicht variieren. Große britische Netze wie EE, Vodafone, O2 und Three bieten eine gute 4G-Abdeckung im und um das Monument, insbesondere in der Nähe des Besucherzentrums und des Parkplatzes. Sobald Sie sich jedoch weiter in die offenen Felder oder auf weniger ausgebauten Wegen in der umliegenden Landschaft bewegen, insbesondere in Gebieten wie Cursus, Normanton Down oder der Avenue, kann die Signalstärke nachlassen oder ganz ausfallen.

Besucher sollten sich auf den längeren Wanderwegen außerhalb des Kerngeländes nicht auf einen unterbrechungsfreien Mobilfunkempfang verlassen. Wenn Sie diese Wege zu Fuß erkunden möchten, empfiehlt es sich, vorab Offline-Karten oder Navigationshilfen herunterzuladen. Einige Funktionen wie die Live-Standortfreigabe oder GPS-Tracking funktionieren möglicherweise auch bei schwachem Signal, die Echtzeit-Internetnutzung kann jedoch inkonsistent sein.

Im Besucherzentrum von Stonehenge steht Ihnen eingeschränktes öffentliches WLAN zur Verfügung. Der

Dienst ist hauptsächlich für die einfache Nutzung gedacht, z. B. zum Abrufen von Ticketinformationen oder zum Versenden von Nachrichten. Er ist nicht für datenintensive Aufgaben wie Videostreaming oder das Hochladen großer Mediendateien geeignet. In Stoßzeiten, z. B. in der Sommersaison oder an Feiertagswochenenden, kann das WLAN langsam oder vorübergehend überlastet sein. Wenn Sie für wichtige Dinge darauf angewiesen sind, sollten Sie einen Backup-Plan wie mobile Daten oder Offline-Zugang haben.

Am Steinkreis selbst gibt es kein öffentliches WLAN. Sobald Sie das Besucherzentrum verlassen und mit dem Shuttlebus oder zu Fuß zum Denkmal aufbrechen, befinden Sie sich außerhalb der WLAN-Reichweite. Da der Kreis und die umliegenden Wege völlig ungeschützt sind, gibt es keine Innenräume oder technischen Einrichtungen. Daher ist es wichtig, Downloads oder Online-Buchungen durchzuführen, bevor Sie sich auf den Weg zu den Steinen machen.

Für internationale Besucher empfiehlt sich eine UK-kompatible SIM-Karte für günstigere Daten und Anrufe während der Reise. Prepaid-SIM-Karten von britischen Anbietern sind an Flughäfen, großen Bahnhöfen, in Convenience Stores oder in Mobilfunkläden in Städten wie Salisbury erhältlich. Die meisten Anbieter bieten touristenfreundliche Pakete mit festen Daten- und Anruflimits für 30 Tage an. Gängige Pakete beinhalten mehrere Gigabyte Datenvolumen, unbegrenzte SMS und Ortsgespräche.

Wenn Sie nur für einen kurzen Zeitraum zu Besuch sind oder die SIM-Karte nicht wechseln möchten, reicht internationales Roaming möglicherweise aus. Dies ist jedoch tendenziell teurer und bietet möglicherweise keine konstanten Datengeschwindigkeiten. Erkundigen Sie sich vor Ihrer Ankunft bei Ihrem Heimatanbieter, um unerwartete Gebühren zu vermeiden. Einige Telefone unterstützen mittlerweile eSIMs, mit denen Sie einen britischen Tarif digital aktivieren können, ohne eine neue Karte einlegen zu müssen. Dies hängt jedoch von Ihrem Gerät und Anbieter ab.

In ländlichen Gebieten außerhalb von Salisbury und Amesbury ist der Mobilfunkempfang stellenweise lückenhaft. Wenn Sie mit dem Auto oder zu Fuß auf weniger befahrenen Routen oder in der freien Natur in der Nähe von Stonehenge unterwegs sind, verlassen Sie sich im Notfall besser nicht auf Ihr Handy. Es ist dennoch ratsam, eine gedruckte Unterkunftsbestätigung, Wegbeschreibung oder Tickets als Backup mitzuführen.

In Stadtzentren wie Salisbury und Amesbury ist der Mobilfunkempfang stark und zuverlässig, und öffentliches WLAN ist in Cafés, Hotels und Verkehrsknotenpunkten häufiger verfügbar. Viele Cafés und Pubs bieten ihren Gästen kostenloses WLAN an. Möglicherweise müssen Sie jedoch ein Passwort eingeben oder auf einem Anmeldebildschirm die Nutzungsbedingungen akzeptieren.

Die Mobilfunk- und Internetverbindung rund um Stonehenge ist für die allgemeine Nutzung ausreichend, kann aber nicht auf dem gesamten Gelände garantiert werden. Stellen Sie sicher, dass wichtige Informationen offline gespeichert sind, und nutzen Sie eine lokale SIM-Karte für ein besseres Preis-Leistungs-Verhältnis und einen zuverlässigeren Zugang während Ihrer gesamten Reise. Wenn Sie auf gelegentliche Signallücken vorbereitet sind, insbesondere bei Spaziergängen in der freien Landschaft, können Sie Störungen während Ihres Besuchs vermeiden.

Gesundheit und Sicherheit: Notfallkontakte und lokale Kliniken

Gesundheit und Sicherheit sind wichtige Aspekte bei einem Besuch von Stonehenge, insbesondere da sich das Gelände im Freien befindet, relativ abgelegen und oft wechselhaftem Wetter ausgesetzt ist. Wenn Besucher über medizinische Versorgung und Notfallkontakte in der Nähe informiert sind, können sie im Falle eines unerwarteten Ereignisses ruhig reagieren.

Im Ernstfall erreichen Sie die britischen Notdienste unter der Nummer 999. Unter dieser Nummer erreichen Sie Rettungsdienst, Polizei, Feuerwehr und Küstenwache. Der Anruf ist von jedem Mobil- oder Festnetzanschluss kostenlos und erfordert weder Guthaben noch eine lokale SIM-Karte. In weniger dringenden Fällen erreichen Sie die NHS-Hotline für Nicht-Notfälle unter der Nummer 111. Unter dieser Nummer erhalten Sie medizinischen Rat, Überweisungen und Wegbeschreibungen zu nahegelegenen Kliniken oder Apotheken. Die Mitarbeiter sind in der Priorisierung von Anrufen geschult und können Sie bei Bedarf mit Pflegekräften oder Ärzten verbinden.

Das Besucherzentrum von Stonehenge verfügt über geschultes Personal, Sicherheitspersonal und eine grundlegende Erste-Hilfe-Ausstattung. Sollte jemand im Besucherzentrum oder in der Nähe des Denkmals ein medizinisches Problem haben, benachrichtigen Sie bitte umgehend einen Mitarbeiter. Dieser alarmiert dann das Erste-Hilfe-Team des Geländes oder ruft bei Bedarf einen Krankenwagen. Alle Mitarbeiter sind mit den Notfallmaßnahmen vertraut und koordinieren bei Bedarf den Zugang für Rettungsfahrzeuge.

Die nächstgelegene Stadt mit Gesundheitseinrichtungen ist Amesbury. Die Avon Valley Practice in der Archers Gate ist eine örtliche Allgemeinarztpraxis, die nicht-notfallmedizinische Leistungen anbietet. In der Regel ist eine vorherige Terminvereinbarung erforderlich, in manchen Fällen ist aber auch eine spontane Vorsprache möglich. Bei kleineren Beschwerden wie Insektenstichen, Zerrungen oder Kopfschmerzen können Besucher die örtliche Apotheke in Amesbury aufsuchen, die auch rezeptfreie Medikamente und Beratung anbietet.

Falls eine weitergehende medizinische Versorgung erforderlich ist, ist das Salisbury District Hospital das nächstgelegene größere Krankenhaus. Es liegt etwa 16 Kilometer von Stonehenge entfernt und verfügt über eine voll ausgestattete Notaufnahme. Das Krankenhaus ist für alle Fälle gerüstet, von Knochenbrüchen und allergischen Reaktionen bis hin zu schwerwiegenderen medizinischen Notfällen. Die Fahrzeit von Stonehenge mit dem Auto beträgt je nach Verkehrslage etwa 20 bis 30 Minuten. Taxis stehen am Besucherzentrum zur Verfügung, und in dringenden Fällen können Krankenwagen die Stätte direkt erreichen.

Besucher, die verschreibungspflichtige Medikamente einnehmen, sollten ausreichend Medikamente für ihren Aufenthalt mitführen und eine Kopie des Rezepts oder ein ärztliches Attest für den Fall eines Ersatzes mitführen. Apotheken in Salisbury und Amesbury bieten manchmal kurzfristige Notvorräte an, insbesondere gegen Vorlage eines entsprechenden Nachweises. Besuchern aus dem Ausland wird empfohlen, wichtige Medikamente in der Originalverpackung mitzubringen, da britische Apotheken internationale Marken möglicherweise nicht immer vorrätig haben.

Es empfiehlt sich außerdem, grundlegende Gesundheitsartikel wie Heftpflaster, Antihistaminika, Schmerzmittel, Sonnenschutzmittel und Elektrolyttabletten einzupacken, insbesondere wenn Sie längere Strecken zu Fuß zurücklegen oder in den wärmeren Monaten kommen. Das Besucherzentrum verkauft eine begrenzte Auswahl an grundlegenden Pflegeartikeln, die jedoch möglicherweise nicht alle persönlichen Bedürfnisse abdecken.

Die Hygiene im Besucherzentrum ist gut gewährleistet. Im Besucherzentrum gibt es öffentliche Toiletten mit barrierefreiem Zugang und Wickelmöglichkeiten. Handwaschstationen sind vorhanden, und bei hohem Besucheraufkommen werden zusätzliche Hygienemaßnahmen getroffen. In der Nähe der Steine selbst gibt es jedoch keine Toiletten. Besucher sollten daher die Toiletten nutzen, bevor sie sich auf den Weg oder den Shuttle begeben.

Im Falle einer Verletzung oder Erkrankung auf einem der abgelegenen Wanderwege ist es am besten, zum

Besucherzentrum zurückzukehren und Hilfe zu holen. Der Zugang zu offenem Gelände kann für Notfälle schwierig sein, insbesondere wenn Fahrzeuge Sie nicht direkt erreichen können. Ein einfaches Mobiltelefon und die Kenntnis Ihres genauen Standorts (über eine heruntergeladene Karte oder das GPS Ihres Telefons) helfen den Helfern, Sie schneller zu finden. Bei schlechtem Mobilfunksignal ist der schnellste Weg, Hilfe zu erreichen, oft der Rückweg zur nächsten befestigten Straße oder zum nächsten Wanderwegeingang.

Besucher mit besonderen gesundheitlichen Einschränkungen oder eingeschränkter Mobilität sollten ihre Unterkunft im Voraus informieren und sich gegebenenfalls an das Besucherzentrum wenden, um sich über verfügbare Angebote wie rollstuhlgerechte Routen oder Mobilitätsunterstützung zu informieren. Der Shuttleservice zwischen dem Besucherzentrum und dem Denkmal ist stufenlos und steht allen Besuchern, auch Personen mit eingeschränkter Mobilität, zur Verfügung.

Trinkgeld, Zahlungen, Währung und Geldautomaten

Die Landeswährung im Vereinigten Königreich ist das Britische Pfund Sterling, üblicherweise als GBP geschrieben oder durch das £-Symbol dargestellt. Banknoten werden im Wert von 5, 10, 20 und 50 Pfund ausgegeben, Münzen im Wert von 1, 2 Pfund und kleineren Werten wie 50 Pence, 20 Pence, 10 Pence, 5 Pence, 2 Pence und 1 Pence. Die meisten Geschäfte, einschließlich derer rund um Stonehenge, akzeptieren alle diese Stückelungen. Kleinere Münzen werden jedoch typischerweise für günstige Einkäufe oder zum Wechseln verwendet.

Internationale Besucher sollten vor ihrer Ankunft in Stonehenge Geld wechseln, da es weder am Denkmal noch in der kleinen Stadt Amesbury Wechselstuben gibt. In Salisbury gibt es einige Bankfilialen und Postämter, wo Geld gewechselt werden kann. Die Kurse sind jedoch oft ungünstiger als in großen Flughäfen oder Stadtzentren. Es ist ratsam, zumindest etwas Bargeld für Nebenkosten mitzunehmen, insbesondere wenn Sie lokale Märkte oder kleine Familienunternehmen besuchen.

Kartenzahlungen werden in Stonehenge und Umgebung weitgehend akzeptiert. Gängige Kredit- und Debitkarten wie Visa, Mastercard und American Express werden im Besucherzentrum, im Souvenirladen, im Café und am Ticketschalter akzeptiert. Kontaktloses Bezahlen wird empfohlen und ist in ganz Großbritannien weit verbreitet. Das aktuelle Transaktionslimit für kontaktlose Karten beträgt 100

£. Mobile Zahlungssysteme wie Apple Pay und Google Pay funktionieren ebenfalls an den meisten Orten, einschließlich Geschäften auf dem Land und Bussen.

Einige sehr kleine Geschäfte, unabhängige Lebensmittelhändler und Raststätten auf dem Land bevorzugen möglicherweise weiterhin Bargeld, insbesondere wenn Kartenleser aufgrund von Signalproblemen vorübergehend ausfallen. Aus diesem Grund empfiehlt es sich, immer einen kleinen Bargeldbetrag mitzuführen. Geldautomaten gibt es in Amesbury und Salisbury. Die in Amesbury befinden sich meist in der Nähe von Supermärkten oder kleinen Läden, während Salisbury eine größere Auswahl bietet, darunter auch Geldautomaten großer Banken. Alle Geldautomaten zahlen in Britischen Pfund. Die meisten akzeptieren internationale Karten, es können jedoch je nach Ihrer Heimatbank Gebühren anfallen. Erkundigen Sie sich vor Reiseantritt bei Ihrem Kartenanbieter nach den Gebühren für Auslandsabhebungen oder Transaktionslimits.

Trinkgeld ist in Großbritannien nicht obligatorisch, wird aber in bestimmten Situationen gerne gesehen. In Restaurants mit Tischservice ist es üblich, ein Trinkgeld von etwa 10 % bis 12,5 % zu geben, sofern nicht bereits ein Bedienungsgeld auf der Rechnung enthalten ist. Manche Restaurants, insbesondere in größeren Städten, berechnen automatisch ein Bedienungsgeld, das auf der Rechnung deutlich ausgewiesen sein sollte. In informellen Umgebungen wie Cafés, Pubs und Imbissbuden wird kein Trinkgeld erwartet. Sie können die Rechnung aber aufrunden oder etwas Kleingeld dalassen, wenn Ihnen der Service gut gefallen hat.

Auch in Hotels ist Trinkgeld freiwillig. Sie können dem Reinigungspersonal einen kleinen Betrag (z. B. 1 bis 2 £ pro Tag) geben, insbesondere bei längeren Aufenthalten. Für Gepäckträger sind 1 oder 2 £ pro Gepäckstück akzeptabel, wenn sie beim Gepäck helfen. In Hotelrestaurants gelten die gleichen Trinkgelderwartungen wie im Restaurant.

Taxifahrer erwarten in der Regel kein Trinkgeld, aber es ist üblich, auf das nächste Pfund aufzurunden oder bei längeren Fahrten ein paar Pfund zusätzlich zu geben. Reiseleiter erhalten je nach Qualität und Dauer der Dienstleistung Trinkgeld. Bei Gruppenreisen sind 2 bis 5 Pfund pro Person angemessen, während private Reiseleiter je nach Länge der Tour und Detailliertheit der Informationen zwischen 10 und 20 Pfund erhalten können.

Trinkgeld wird von Mitarbeitern in Stonehenge, einschließlich Shuttle-Fahrern und Ticketpersonal, nicht erwartet. Alle Leistungen sind bereits im Eintrittspreis enthalten. Bei der Nutzung eines privaten Fahrers, persönlichen Reiseleiters oder lokalen Fotografen kann Trinkgeld als Zeichen der Wertschätzung angesehen werden, liegt aber ganz im Ermessen des Besuchers.

Kurz gesagt: Die Zahlungssysteme in der Region sind modern und einfach zu bedienen. Bargeld ist jedoch hilfreich, um flexibel zu sein. Trinkgeld wird nicht zwanghaft gegeben und nur in begrenztem Umfang erwartet, ohne dass man sich übermäßig beeilen muss. Wenn Besucher verstehen, wie lokale Zahlungen und Trinkgelder funktionieren, können sie bei der Erkundung von Stonehenge und den umliegenden Gemeinden selbstbewusst und respektvoll mit den Kosten umgehen.

Besondere Ereignisse und Zugang zur Sonnenwende

Treffen zur Sommer- und Wintersonnenwende

Die Treffen zur Sommer- und Wintersonnenwende in Stonehenge gehören zu den bemerkenswertesten öffentlichen Veranstaltungen des Ortes. Sie ziehen eine Mischung aus modernen Heiden, Druiden, Einheimischen, Reisenden, spirituell Suchenden und Besuchern an. Bei diesen Veranstaltungen geht es nicht nur darum, den Wechsel der Jahreszeiten zu beobachten, sondern auch um die Teilnahme an einer langjährigen öffentlichen Tradition, die mit der Ausrichtung des Monuments auf den Sonnenkalender verbunden ist.

Die Sommersonnenwende findet jedes Jahr um den 21. Juni statt und markiert den längsten Tag des Jahres auf der Nordhalbkugel. In Stonehenge steht die aufgehende Sonne direkt auf dem Heel Stone und scheint in die Mitte des Steinkreises. Diese Ausrichtung hatte vermutlich für die Erbauer des Monuments vor über 4.000 Jahren eine rituelle Bedeutung. Das Ereignis zieht Zehntausende Menschen aus Großbritannien und dem Ausland an, wobei der größte

Andrang üblicherweise zwischen der Nacht vom 20. und dem Morgen des 21. Juni herrscht.

English Heritage, der Verwalter der Stätte, ermöglicht den Zugang zu den Steinen während dieser Zeit. Der Zugang beginnt um Sonnenuntergang am Vorabend der Sonnenwende und dauert bis kurz nach Sonnenaufgang am nächsten Morgen. Der Eintritt ist frei, es finden jedoch Sicherheitskontrollen am Eingang statt, um die Sicherheit zu gewährleisten. Alkohol, Glasbehälter und große Taschen sind verboten. Von den Besuchern wird erwartet, dass sie sich an einen Verhaltenskodex halten, der sowohl das Denkmal als auch die anderen Besucher respektiert.

Die Atmosphäre während der Sommersonnenwende ist eine Mischung aus Feierlichkeit und Besinnung. Manche Besucher führen persönliche oder Gruppenrituale durch, andere kommen einfach, um den Sonnenaufgang zu erleben. Unter den Besuchern befinden sich oft Musiker, Tänzer und Personen in zeremonieller Kleidung. Es ist ein sehr geselliges Ereignis, hat aber auch eine spirituelle Note für diejenigen, die es als eine Art Pilgerfahrt oder saisonales Fest betrachten. Da die Veranstaltung unter freiem Himmel und über Nacht stattfindet, wird den Teilnehmern empfohlen, sich warm anzuziehen, wasserdichte Kleidung für den Fall von Regen mitzubringen und wichtige Dinge wie Wasser und Snacks mitzunehmen.

Die Wintersonnenwende, die um den 21. Dezember stattfindet, markiert den kürzesten Tag und die längste Nacht des Jahres. Sie erhält weniger Aufmerksamkeit als die Sommersonnenwende, ist aber für diejenigen, die alte Jahreszeitenzyklen beobachten, ebenso bedeutsam. Während der Wintersonnenwende geht die Sonne in einer Linie mit dem Denkmal unter, obwohl in den letzten Jahren auch der Sonnenaufgang mit einer kleinen Zeremonie gewürdigt wurde.

Die Winterveranstaltung ist in der Regel kleiner und die Besucherzahl liegt im unteren Tausenderbereich. Sie ist ruhiger und intimer und wird oft von lokalen heidnischen Gruppen, spirituellen Praktizierenden und Besuchern besucht, die einen ruhigen Moment der Besinnung suchen. Wie zur Sommersonnenwende bietet English Heritage Zugang zu den Steinen, meist am frühen Morgen. Aufgrund der Kälte sollten Besucher auf eisige Temperaturen, schlammigen Boden und wenig Tageslicht vorbereitet sein. Auch die Transportmöglichkeiten sind im Winter eingeschränkt, da weniger öffentliche Busse und die frühere Dunkelheit die Planung beeinträchtigen.

Für beide Sonnenwende-Veranstaltungen ist aufgrund der Park- und Shuttle-Regelungen eine frühzeitige Anreise erforderlich. English Heritage weist in der Regel einen speziellen Parkplatz zu und betreibt Shuttlebusse, um den großen Andrang bei der Sommerveranstaltung zu bewältigen. Zur Wintersonnenwende ist der Ablauf weniger komplex, es gelten jedoch die gleichen Regeln hinsichtlich verbotener Gegenstände und respektvollem Verhalten.

In beiden Fällen sollten Besucher in den Wochen vor den Veranstaltungen die offiziellen Ankündigungen beachten. Wetter, Gesundheitsmaßnahmen oder logistische Belange können den Zugang und den Zeitplan beeinflussen. Einrichtungen wie Toiletten, Erste-Hilfe-Zelte und Beleuchtung sind in der Regel vorhanden, Besucher sollten jedoch keinen umfassenden Komfort oder Unterkünfte erwarten.

Die Teilnahme an einer Sonnenwende-Veranstaltung in Stonehenge bietet die einmalige Gelegenheit, das Monument in einem anderen Kontext als dem üblichen Tagestourismus zu erleben. Die Möglichkeit, zwischen den Steinen zu stehen und die Bewegung der Sonne in Bezug auf die antike Ausrichtung zu beobachten, zieht Menschen aus persönlichen, kulturellen oder beobachtungstechnischen Gründen an. Unabhängig vom Glauben verleiht das gemeinsame Erlebnis, in einem von Licht, Jahreszeit und Zeit geprägten Moment dort zu sein, jedem Besuch eine einzigartige Note.

Von English Heritage verwaltete Veranstaltungen und Termine

English Heritage organisiert das ganze Jahr über verschiedene Veranstaltungen und Erlebnisse in Stonehenge. Das Programm umfasst saisonale Aktivitäten, Bildungsprogramme, familienfreundliche Veranstaltungen und Führungen mit eingeschränktem Zugang innerhalb des Steinkreises. Diese Veranstaltungen sollen die Besucher stärker mit der Stätte vertraut machen, lehrreiche Inhalte vermitteln und den kulturellen Zugang zu diesem antiken Monument fördern. Während das übliche tägliche Besuchererlebnis unverändert bleibt, ermöglichen zusätzliche Veranstaltungen je nach Jahreszeit ein abwechslungsreicheres und intensiveres Erlebnis.

Eines der bemerkenswertesten Erlebnisse von English Heritage ist die Stone Circle Experience. Anders als beim regulären Besuch, bei dem nur der äußere Rundweg um das Monument zugänglich ist, kann bei dieser Führung eine kleine Gruppe von Besuchern den Kreis selbst betreten. Diese Sonderführungen finden außerhalb der regulären Öffnungszeiten statt, entweder frühmorgens oder spätabends. Jede Führung dauert etwa eine Stunde und ist auf eine kleine Teilnehmerzahl beschränkt, um die Atmosphäre zu bewahren und das Monument zu schützen. Der Besuch beinhaltet standardmäßig keinen offiziellen Kommentar, aber Mitarbeiter von English Heritage sind anwesend, und viele Teilnehmer bringen ihre eigenen Audiogeräte oder Guides mit. Aufgrund der Nachfrage und der begrenzten Kapazitäten ist eine frühzeitige Buchung unerlässlich. Die Tickets werden separat vom regulären Eintrittspreis berechnet.

Saisonale Veranstaltungen finden auch statt, insbesondere während der Schulferien und Sommermonate. Diese Veranstaltungen richten sich an Familien und jüngere Besucher. Aktivitäten wie „Kids' Dig" bieten Kindern die Möglichkeit, mit Werkzeug und unter Aufsicht an simulierten archäologischen Ausgrabungen teilzunehmen. Diese Programme finden in der Regel in der Nähe des Besucherzentrums statt und finden tagsüber statt. Sie sind im Eintrittspreis enthalten und erfordern keine zusätzliche Buchung. Die Termine können jedoch je nach Personal und Wetter variieren.

Im Sommer, insbesondere von Mitte Juli bis August, erweitert English Heritage sein Programm um kreative Herausforderungen, Lernstationen im Freien und praxisorientierte Workshops. Diese Aktivitäten sind nicht nur unterhaltsam, sondern auch pädagogisch ausgerichtet und helfen jüngeren Besuchern, die Geschichte des Ortes spielerisch und mitzuerleben. Mitarbeiter oder geschulte Freiwillige unterstützen Kinder und ihre Familien, und das Programm ist so konzipiert, dass spontane Teilnahme ohne festen Zeitplan möglich ist.

Regelmäßig, insbesondere an Wochenenden, finden lehrreiche Veranstaltungen und Führungen für Erwachsene statt. Dazu gehören archäologische Vorträge, temporäre Ausstellungen im Besucherzentrum oder von Experten geführte Führungen zu spezifischen Themen wie Megalithbau oder Landschaftsarchäologie. Einige dieser Veranstaltungen sind mit temporären Ausstellungen in den Galerien des Besucherzentrums verknüpft. In den jüngsten Ausstellungen wurden Artefakte aus nahegelegenen Ausgrabungen, moderne Kunst, inspiriert von prähistorischen Landschaften, und Fotosammlungen zu Themen wie Kulturerbe und Identität gezeigt.

English Heritage sorgt außerdem dafür, dass Stonehenge durch inklusive Programme für ein breites Publikum zugänglich ist. An ausgewählten Terminen im Jahr finden Führungen in britischer Gebärdensprache statt. Diese Führungen verlaufen ähnlich wie Standardführungen, werden jedoch von Dolmetschern oder Guides geleitet, die in barrierefreier Kommunikation geschult sind. Diese Führungen finden in der

Regel monatlich statt und erfordern eine Voranmeldung, um die Verfügbarkeit zu gewährleisten.

Die Sonnenwende-Veranstaltungen, die während der Sommer- und Wintersonnenwende stattfinden, werden offiziell von English Heritage organisiert und folgen einem klaren Zugangsprotokoll. Obwohl sie ohne Eintrittsgebühr für die Öffentlichkeit zugänglich sind, gelten für die Veranstaltungen bestimmte Regeln hinsichtlich Verhalten, erlaubter Gegenstände vor Ort und Besuchersicherheit. Sicherheitspersonal, Ordner und Freiwillige kümmern sich um die Menschenmassen, geben Informationen und unterstützen bei medizinischen oder logistischen Fragen während der Veranstaltungen. Besucher müssen Kontrollpunkte passieren, und verbotene Gegenstände wie Alkohol, Glasbehälter und große Zelte sind nicht erlaubt.

Neben Sonnenwenden unterstützt English Heritage die Öffentlichkeitsarbeit bei astronomischen Ereignissen wie Mondstillständen und Tagundnachtgleichen. Diese Veranstaltungen können Vorträge, Sternbeobachtungen mit lokalen Astronomiegruppen und temporäre Lehrausstellungen umfassen. Einige davon sind auf Himmelskonstellationen abgestimmt, die vermutlich die Gestaltung des Monuments beeinflusst haben. Da diese Veranstaltungen weniger bekannt sind, sind sie in der Regel intimer und eignen sich für Besucher, die sich für die wissenschaftlichen und kulturellen Aspekte von Stonehenge interessieren.

Auch Gruppenbuchungen für Bildungseinrichtungen, einschließlich Schulen und Universitäten, werden über den offiziellen Veranstaltungskalender verwaltet. Diese sind auf altersgerechte Lernziele ausgerichtet und können Materialien zur Vorbereitung auf den Besuch, geführte Aktivitäten und von Pädagogen geleitete Führungen beinhalten. Lehrkräfte können sich direkt mit dem Bildungsteam von English Heritage abstimmen, um diese Besuche entsprechend den Lehrplananforderungen zu planen und anzupassen.

Für Besucher, die im Voraus planen, hilft der Veranstaltungskalender von English Heritage dabei, die während ihres Besuchszeitraums stattfindenden Programme zu finden. Diese Veranstaltungen ändern sich im Laufe des Jahres und unterliegen Aktualisierungen, insbesondere wenn Wetter- oder Personalbedingungen eine Umplanung erfordern.

So registrieren Sie sich für den Sonderzugang zu den Steinen

Die Anmeldung für den Sonderzugang zu den Steinen von Stonehenge erfolgt separat vom regulären Ticketbesuch. Dieser

Zugang ermöglicht Besuchern den Zutritt zum inneren Steinkreis zu eingeschränkten Zeiten, typischerweise frühmorgens vor der öffentlichen Öffnung oder spätabends nach Schließung. Während der regulären Öffnungszeiten ist er nicht verfügbar und die Teilnehmerzahl pro Durchgang ist begrenzt, um das Monument zu schützen und ein ruhiges, kontrolliertes Erlebnis zu gewährleisten.

Um einen Sonderzugang zu beantragen, müssen Besucher ein spezielles Erlebnis, die sogenannte Stone Circle Experience, auswählen. Diese wird direkt von English Heritage, dem Betreiber von Stonehenge, verwaltet. Der Prozess beginnt mit der Prüfung der verfügbaren Termine über die offizielle Buchungsplattform. Diese Besuche sind sehr gefragt und die Anzahl begrenzt, sodass die Verfügbarkeit schnell eingeschränkt sein kann, insbesondere in der Hauptreisezeit wie im Sommer oder während der Tagundnachtgleiche und Sonnenwende.

Bei der Terminwahl ist zu beachten, dass dieser Zugang nicht täglich möglich ist. English Heritage nimmt Buchungen mehrere Monate im Voraus entgegen, und die meisten Termine finden außerhalb der regulären Öffnungszeiten statt. Morgentermine beginnen in der Regel gegen Sonnenaufgang und erfordern je nach Jahreszeit eine Ankunft bereits um 5:00

Uhr morgens. Abendtermine beginnen, nachdem das Denkmal für reguläre Besucher geschlossen ist, oft gegen Abend.

Sobald Datum und Uhrzeit ausgewählt sind, ist für die Anmeldung eine vollständige Vorauszahlung erforderlich. Der Preis für das Stone Circle Experience ist separat vom regulären Eintrittspreis zu entrichten. Die Buchung beinhaltet den Zugang zum Steinkreis, den Eintritt ins Besucherzentrum, die Ausstellungen, den Shuttleservice und die umliegenden Wanderwege. Ein geführter Kommentar ist nicht standardmäßig enthalten, Mitarbeiter vor Ort stehen jedoch zur Verfügung und beantworten gerne Fragen. Besucher können gerne eigene gedruckte Materialien oder digitale Reiseführer mitbringen.

Die Gruppengröße wird streng kontrolliert, um die Integrität der Steine und des umliegenden Geländes zu schützen. Jede Sitzung bietet in der Regel Platz für 30 bis 52 Personen. Bei Teilnahme als private Gruppe ist es auch möglich, die exklusive Nutzung eines Zeitfensters zu beantragen. Dies erfordert jedoch eine vorherige Abstimmung und ist mit höheren Kosten verbunden. Anfragen für den Zugang für private oder pädagogische Gruppen sollten direkt per E-Mail oder Telefon an English Heritage gerichtet werden.

Das Anmeldeformular enthält die üblichen Besucherdaten wie vollständigen Namen, Teilnehmerzahl und Kontaktdaten. Der Sonderzugang erlaubt keine spontanen Besuche, daher müssen alle Teilnehmer vorab angemeldet werden. Änderungen an Datum oder Namen sind nach der Buchungsbestätigung möglicherweise nicht mehr möglich. Daher ist Genauigkeit wichtig. Besucher sollten außerdem die Zugangsbedingungen lesen und akzeptieren, die Regeln zum Verhalten im Kreis, zu mitgebrachten Gegenständen und zu zeitlichen Beschränkungen enthalten.

Die Regeln während des Stone Circle Experience sind strenger als beim allgemeinen Besuch. Besucher dürfen nicht auf die Steine klettern oder sie berühren. Stative und professionelle Ausrüstung erfordern möglicherweise eine vorherige Genehmigung. Kommerzielle Filmaufnahmen, große Requisiten oder Gruppenzeremonien sind nicht automatisch gestattet und müssen im Voraus besprochen werden. Ruhiges Verhalten wird erwartet, da viele Teilnehmer zum Nachdenken oder Lernen kommen.

Am Tag des Besuchs müssen die Teilnehmer frühzeitig im Besucherzentrum eintreffen, um sich anzumelden. Von dort werden sie je nach Tageszeit und Lichtverhältnissen mit einem Shuttlebus transportiert oder können den Weg zum Denkmal zu Fuß zurücklegen. Aufgrund des strengen Zeitplans können verspätete Ankünfte möglicherweise nicht zugelassen werden. Besucher sollten sich den Wetterbedingungen am frühen Morgen oder Abend entsprechend kleiden, da es je nach Jahreszeit kalt, nass oder dunkel sein kann.

Stornierungen und Rückerstattungen sind grundsätzlich begrenzt. Sollte English Heritage eine Veranstaltung aufgrund extremer Wetterbedingungen oder aus betrieblichen Gründen absagen, wird den Besuchern ein Ersatztermin oder eine Rückerstattung angeboten. Bei einer Stornierung fallen jedoch in der Regel die üblichen Stornierungsgebühren an, es sei denn, die Anfrage erfüllt bestimmte Bedingungen.

Besucher mit eingeschränkter Mobilität werden gebeten, sich vorab mit English Heritage in Verbindung zu setzen, um entsprechende Vorkehrungen zu treffen. Der Weg und der Shuttle sind rollstuhlgerecht, und bei Bedarf kann Hilfe organisiert werden.

Um sich für den Sonderzugang zu den Steinen zu registrieren, müssen Sie ein Datum auswählen, den Online-Registrierungs- und Zahlungsvorgang abschließen, den Zugangsbedingungen zustimmen und pünktlich zur Früh- oder Spätabendsitzung erscheinen. Dieses Erlebnis bietet die seltene Gelegenheit, sich im Inneren des Kreises zu befinden und den Steinen näher zu sein als bei normalen Besuchen. Es ist besonders wertvoll für alle, die sich für die Ausrichtung, Struktur und Atmosphäre des Denkmals interessieren, ohne dass große Menschenmengen anwesend sind. Aufgrund der begrenzten Kapazitäten und der hohen Nachfrage ist eine frühzeitige Planung unerlässlich.

Sicherheit, Verhalten und Vorschriften bei Veranstaltungen

Bei Veranstaltungen in Stonehenge, insbesondere bei Veranstaltungen mit besonderem Zugang oder Versammlungen wie der Sommer- und Wintersonnenwende, werden die Sicherheit und das Verhalten der Besucher gemäß den klaren Vorschriften von English Heritage streng überwacht. Diese Regeln sollen sowohl das Denkmal als auch die Öffentlichkeit schützen und gleichzeitig ein respektvolles und geordnetes Umfeld gewährleisten.

Alle Besucher geplanter Veranstaltungen müssen bestimmte Richtlinien bezüglich der auf dem Gelände erlaubten Aktivitäten befolgen. Bei großen Menschenansammlungen, wie beispielsweise während der Sonnenwendfeiern, werden bereits vor Veranstaltungsbeginn Maßnahmen zur Kontrolle der Menschenmenge ergriffen. Die Zugänge sind klar definiert, und jeder muss die Sicherheitskontrollen passieren. Gegenstände wie Alkohol, Glasbehälter, Grills,

Feuerwerkskörper, Fackeln und große Bauten wie Zelte oder Pavillons sind nicht gestattet. Taschen können durchsucht und verbotene Gegenstände konfisziert werden. Dies gilt sowohl für Tages- als auch für Übernachtungsveranstaltungen. Mobile Toiletten und Wasserstellen stehen zur Verfügung. Besucher werden jedoch gebeten, nur das Nötigste mitzubringen und auf Gegenstände zu verzichten, die ein Sicherheits- oder Umweltrisiko darstellen.

Das Verhalten innerhalb des Steinkreises und der umliegenden Anlage muss friedlich und störungsfrei bleiben. Körperkontakt mit den Steinen ist nicht gestattet, ebenso wie das Klettern oder Anlehnen an sie strengstens verboten. Die Anlage ist fragil, und jede Interaktion, die Schäden verursachen könnte, wird ernst genommen. In besonderen Situationen dürfen Besucher möglicherweise näher an den Steinen stehen als während der regulären Öffnungszeiten. Selbst dann ist das Berühren der Steine jedoch nicht gestattet, es sei denn, dies ist ausdrücklich gestattet. Fotografieren ist für den persönlichen Gebrauch gestattet, Blitzlicht, Drohnen und professionelle Geräte können jedoch ohne vorherige Genehmigung eingeschränkt sein.

Bei großen öffentlichen Veranstaltungen, wie beispielsweise Sonnenwenden, sollten Besucher auf engen Kontakt mit anderen Besuchern vorbereitet sein. Obwohl die Atmosphäre im Allgemeinen friedlich ist, können große Menschenmengen,

Wettereinflüsse und lange Nachtstunden körperliche Belastungen darstellen. English Heritage und seine ehrenamtlichen Helfer sind die ganze Nacht und den ganzen Morgen vor Ort, um bei der Menschenmengenregulierung, Erster Hilfe und allgemeiner Unterstützung zu helfen. Lautes, aggressives oder alkoholisiertes Verhalten wird nicht toleriert. Sicherheitsteams sind befugt, Personen, die sich nicht an die Regeln halten, zu verweisen oder den Zutritt zu sperren.

Bei allen Großveranstaltungen stehen Erste-Hilfe-Zelte und geschultes Personal zur Verfügung. Personen mit medizinischen Problemen sollten sich umgehend beim nächstgelegenen Ordner oder Sicherheitspersonal melden. Rettungsfahrzeuge haben ausgewiesene Zufahrtswege, und es gibt Maßnahmen, um auf ein breites Spektrum von Problemen – von leichten Verletzungen bis hin zu schwerwiegenden Vorfällen – reagieren zu können. Vermisste Personen, insbesondere Kinder, sollten sich am dafür vorgesehenen Informations- oder Sicherheitspunkt melden. Besuchern wird dringend empfohlen, ihre Mobiltelefone stets aufgeladen zu halten und die Notrufnummer (999 in Großbritannien) zu kennen.

Die Verwendung von offenem Feuer ist verboten. Dies gilt auch für Kerzen, Weihrauch und kleine Brenner, selbst wenn sie für zeremonielle oder spirituelle Zwecke bestimmt sind.

Solche Aktivitäten sind nicht mit den Erhaltungsanforderungen des Ortes vereinbar. In einigen Fällen können registrierte Gruppen oder kulturelle Organisationen Sondergenehmigungen für symbolische Zeremonien erhalten. Diese müssen jedoch lange im Voraus mit English Heritage vereinbart werden und unterliegen einer strengen Aufsicht.

Auch das Wegwerfen von Müll ist ein ernstes Problem. Alle Besucher werden gebeten, ihren Müll mitzunehmen oder die bereitgestellten Mülleimer zu benutzen. Während der Sonnenwende sind Müllsammelteams im gesamten Gebiet im Einsatz. Die Mitarbeit der Besucher ist jedoch unerlässlich, um das Gelände und die umliegende Landschaft zu erhalten. Das Zurücklassen persönlicher Gegenstände, Lebensmittelverpackungen oder anderer Abfälle ist nicht nur respektlos, sondern kann auch die lokale Tierwelt schädigen und das Erlebnis für andere beeinträchtigen.

Camping ist auf dem Stonehenge-Gelände und den umliegenden Wegen nicht gestattet. Besucher dürfen auf den dafür vorgesehenen Parkplätzen in ihren Autos übernachten, sofern dies gestattet ist. Zelte oder Schlafsäcke sind in der Nähe der Steine jedoch nicht gestattet. Besucher, die von weit her anreisen, sollten eine Unterkunft in der Nähe buchen und den Transport zum und vom Gelände innerhalb der erlaubten Zeiten organisieren.

Die Vorschriften gelten für alle Nationalitäten und Altersgruppen gleichermaßen. Kinder müssen jederzeit von einem Erwachsenen beaufsichtigt werden, und Haustiere sind im Denkmal nicht gestattet, es sei denn, es handelt sich um registrierte Assistenztiere. English Heritage verfügt über deutliche Beschilderungen und Mitarbeiter vor Ort, die die Regeln erklären. Besucher sollten sich jedoch im Voraus mit diesen Richtlinien vertraut machen, um Verwirrungen oder Enttäuschungen zu vermeiden.

Transport- und Unterkunftsplanung für Sonnenwendereisen

Die Planung von Transport und Unterkunft für einen Besuch in Stonehenge während der Sonnenwende erfordert aufgrund der hohen Teilnehmerzahl und der begrenzten Übernachtungsmöglichkeiten in der unmittelbaren Umgebung eine frühzeitige Vorbereitung. Insbesondere die Sommersonnenwende zieht große Menschenmengen, oft Zehntausende, an, was die Verfügbarkeit von Transport und Unterkunft vor Ort erheblich beeinträchtigt. Vorausschauende Planung sorgt für ein reibungsloseres und komfortableres Erlebnis.

Der praktischste Ausgangspunkt für den Transport ist die nahegelegene Stadt Salisbury. Salisbury ist gut an das Zug- und Busnetz angebunden und dient als Hauptknotenpunkt für Stonehenge. Während der Sonnenwende werden die Fahrpläne der öffentlichen Verkehrsmittel oft angepasst, um Reisende am frühen Morgen und in der Nacht zu unterstützen. In der Regel werden spezielle Shuttle-Dienste vom Bahnhof Salisbury direkt zum Besucherzentrum von Stonehenge oder zu einem ausgewiesenen Veranstaltungsparkplatz eingerichtet. Diese Shuttles verkehren zu verlängerten Zeiten, auch nachts, und setzen Besucher in der Nähe des Veranstaltungseingangs ab. Um einen Sitzplatz zu garantieren, wird eine Voranmeldung empfohlen.

Von London aus verkehren regelmäßig Züge zwischen London Waterloo und Salisbury. Die Fahrzeit beträgt durchschnittlich 90 Minuten. Während der Sonnenwende können einige Züge stärker ausgelastet sein als sonst, insbesondere die Abendzüge am 20. Juni und die Frühzüge am 21. Juni. Es wird dringend empfohlen, Fahrkarten im Voraus zu kaufen. Von Salisbury aus können Besucher den offiziellen Sonnenwende-Shuttle nutzen oder ein Taxi bestellen. Während der Hauptveranstaltungszeiten kann die Verfügbarkeit von Taxis jedoch sehr eingeschränkt sein, und die Fahrpreise können aufgrund der Nachfrage höher sein.

Für Autofahrer gibt es speziell für die Sonnenwende temporäre Parkplätze, oft auf nahegelegenen Feldern oder in veranstaltungsbetreuten Zonen. Das Parken ist in der Regel kostenlos oder im Einlass zur Sonnenwende inbegriffen. Besucher müssen jedoch den vorgegebenen Routen und der Beschilderung der Veranstaltungsleitung folgen. Übernachtparken ist für diese Veranstaltung erlaubt, das Übernachten in Fahrzeugen kann jedoch in manchen Fällen untersagt sein. Zelten und offenes Campen sind auf dem Gelände und in dessen Nähe strengstens verboten. Autofahrer sollten frühzeitig anreisen, um sich einen Platz zu sichern und Staus auf kleinen Landstraßen zu vermeiden, die durch die Ankunft von mehr Menschen zum Sonnenaufgang verstopft sein können.

Die Unterkunft während der Sonnenwende erfordert sorgfältige Planung, insbesondere bei Übernachtungen vor oder nach dem Ereignis. Die Unterkünfte in Amesbury und Salisbury sind schnell ausgebucht, manchmal schon Monate im Voraus. In Amesbury sind die Unterkünfte auf kleine Hotels, Bed & Breakfasts und private Pensionen beschränkt. Salisbury bietet ein breiteres Angebot, darunter Budgetketten, Mittelklassehotels, Boutique-Gasthäuser und Kurzzeitmieten. Die Preise während der Sonnenwende können aufgrund der Nachfrage steigen, und einige Anbieter können Mindestaufenthaltszeiten vorschreiben.

Für preisbewusste Reisende bieten Hostels in Salisbury Mehrbettzimmer und einfache Privatzimmer an. Diese sind oft frühzeitig ausgebucht, daher ist es wichtig, die Verfügbarkeit frühzeitig zu prüfen. Wer Ferienwohnungen oder Privatunterkünfte bevorzugt, sollte Plattformen erkunden, die Privatzimmer oder Apartments in der Region Salisbury anbieten. Unterkünfte in nahegelegenen Dörfern wie Durrington, Shrewton oder Bulford bieten möglicherweise auch dann noch Zimmer an, wenn die Unterkünfte in der Stadt ausgebucht sind. Für die Anreise ist jedoch ein Auto oder ein zuverlässiges Transportmittel erforderlich.

Größere Gruppen oder Familien können Selbstversorger-Cottages oder Landhäuser buchen, wie sie in der Landschaft von Wiltshire häufig anzutreffen sind. Diese Unterkünfte verfügen in der Regel über eine Küche, Parkplätze und mehrere Schlafzimmer, sind aber meist nicht fußläufig zu den Steinen erreichbar. Bei der Nutzung solcher Optionen müssen Besucher den Transport entsprechend der Sonnenwende organisieren.

Camping in der Nähe von Stonehenge ist nicht gestattet. Zur Sonnenwende werden jedoch manchmal temporäre Pop-up-Campingplätze von privaten Landbesitzern in der Gegend eingerichtet. Diese inoffiziellen Plätze bieten grundlegende Annehmlichkeiten wie mobile Toiletten, Platz zum Aufstellen eines Zeltes und manchmal kleine Imbissstände. Diese Campingmöglichkeiten sind unabhängig von English Heritage und sollten sorgfältig auf Sicherheit und Rechtmäßigkeit geprüft werden. Das Serviceangebot ist minimal und der Wetterschutz begrenzt.

Es ist auch wichtig, die Rückreise im Voraus zu planen. Nach dem Sonnenaufgangsereignis verlassen die Menschenmassen das Gelände gegen 5:30 bis 6:30 Uhr morgens. Dadurch entsteht eine große Welle von Menschen, die gleichzeitig nach Transportmöglichkeiten suchen. Die Warteschlangen für Shuttles, Züge und Taxis können lang sein. Besucher sollten zusätzliche Zeit einplanen und frühe Verbindungen unmittelbar nach dem Ereignis vermeiden. Es ist wichtig, Snacks, Wasser und warme Kleidung mitzunehmen, insbesondere für diejenigen, die draußen warten oder früh anreisen.

Für die Sonnenwende-Reise nach Stonehenge müssen Transport und Unterkunft rechtzeitig gebucht werden. Salisbury ist der beste Ausgangspunkt. Die Planung von Besucherandrang, Wetter und Transportzeiten gewährleistet, dass Besucher die Veranstaltung bequem besuchen und sicher zurückkehren können. Verlassen Sie sich nicht auf Last-Minute-Arrangements und prüfen Sie alle Buchungsbedingungen, um Störungen zu vermeiden. Mit der richtigen Vorbereitung wird die Sonnenwende in Stonehenge zu einem unvergesslichen und machbaren Erlebnis.

Verantwortungsvolles und sinnvolles Reisen

Respekt vor heiligen und historischen Stätten

Der Respekt vor heiligen und historischen Stätten wie Stonehenge ist unerlässlich, um ihre physische Integrität und ihren kulturellen Wert für zukünftige Generationen zu bewahren. Stonehenge ist sowohl ein archäologisches Denkmal als auch eine spirituelle Stätte für viele Gemeinschaften. Besucher müssen verstehen, dass ihr Verhalten direkte Auswirkungen auf das Denkmal und die Menschen hat, die es hoch schätzen.

Der Steinkreis, die umliegenden Grabhügel und die Landschaft stehen unter strengem Naturschutz. Jede Handlung, die Schäden verursacht – ob absichtlich oder nicht – kann zu dauerhaften Schäden an jahrtausendealten Bauwerken führen. Das Berühren der Steine, das Anlehnen an sie oder der Versuch, auf sie zu klettern, ist nicht gestattet. Selbst geringfügiger Körperkontakt kann zu Erosion führen, Flechtenwachstum fördern oder die Stabilität der Struktur mit der Zeit beeinträchtigen. Diese Regeln gelten jederzeit, auch bei Sonderbesuchen oder öffentlichen Veranstaltungen wie den Sonnenwenden.

Besucher werden gebeten, auf den markierten Wegen zu bleiben, insbesondere in der Nähe alter Gräben, Wälle oder Grabhügel. Diese Landschaftsmerkmale mögen zwar wie offene Felder aussehen, sind aber archäologisch bedeutsam und oft fragil. Das Betreten dieser Wege kann die darunterliegende Struktur beschädigen. Das Bleiben auf den markierten Wegen hilft, unbeabsichtigte Schäden zu vermeiden und gleichzeitig allen Besuchern ein sicheres und organisiertes Erlebnis zu bieten.

Respekt gilt auch anderen Menschen. Viele Menschen besuchen Stonehenge nicht nur aus historischem Interesse, sondern auch zur persönlichen Einkehr oder spirituellen Praxis. Besucher werden gebeten, auf Lärm, persönlichen Freiraum und allgemeines Verhalten zu achten. Zu Veranstaltungen wie der Sommersonnenwende treffen sich einige Besucher zu Ritualen oder stillen Meditationen. Obwohl die Veranstaltung für alle offen ist, ist es wichtig, andere, die spirituellen Praktiken nachgehen, nicht zu stören oder zu verspotten. Fotografieren ist erlaubt, Personen sollten jedoch um Erlaubnis gefragt werden, bevor sie auf Fotos oder Videos zu sehen sind.

Das Wegwerfen von Müll ist eine der sichtbarsten und schädlichsten Formen der Respektlosigkeit. Zurückgelassener Müll beeinträchtigt nicht nur das Erscheinungsbild des Geländes, sondern schadet auch der Tierwelt und setzt die Naturschutzteams zusätzlich unter Druck. Mülleimer stehen zur Verfügung, aber am besten nehmen Sie alles wieder mit, was Sie mitbringen. Dazu gehören Lebensmittelverpackungen, Wasserflaschen und sogar biologisch abbaubarer Abfall. Einwegartikel in der Nähe der Steine können Schädlinge anlocken oder so verrotten, dass der Boden geschädigt wird.

Graffiti, Schnitzereien und das Ablegen von Gegenständen am Denkmal sind verboten. Selbst scheinbar harmlose Handlungen wie das Binden von Bändern oder das Niederlegen von Opfergaben sind nicht erwünscht, es sei denn, sie sind Teil einer genehmigten Veranstaltung. English Heritage hat Richtlinien für öffentliche Zeremonien, und alles, was nicht von diesen Vereinbarungen abhängt, wird als unerlaubte Einmischung behandelt. Am Denkmal zurückgelassene Gegenstände können sofort entfernt und entsorgt werden, auch wenn sie in guter Absicht gemeint sind.

Der Einsatz von Drohnen ist ohne vorherige schriftliche Genehmigung verboten. Drohnen gefährden die Sicherheit der Besucher, die Tierwelt und den Erhalt der Gebäude. Der Lärm und die Bewegungen von Drohnen können zudem die ruhige

Atmosphäre stören, die viele Besucher erleben möchten. Neben Sicherheitsbedenken verstößt das unbefugte Fotografieren oder Filmen mit Drohnen gegen die Richtlinien des Geländes und wird mit Geldstrafen geahndet.

Ein weiterer wichtiger Aspekt eines respektvollen Besuchs ist die Anerkennung, dass Stonehenge nicht nur ein britisches historisches Wahrzeichen, sondern eine Stätte von globaler Bedeutung ist. Menschen aus aller Welt reisen an, um es zu sehen. Besucher sollten abweisende oder spöttische Bemerkungen vermeiden, insbesondere gegenüber lokalen Führern, Freiwilligen und Mitgliedern spiritueller Gemeinschaften. Fragen sind erwünscht, aber Annahmen oder respektlose Bemerkungen aufgrund von Glauben, Kleidung oder Zeremonien sind nicht angebracht.

Kinder müssen sorgfältig beaufsichtigt werden. Rennen, Schreien oder Klettern auf umliegenden Bauwerken ist gefährlich und wird nicht empfohlen. Eltern und Erziehungsberechtigte sind dafür verantwortlich, dass Kinder die Bedeutung des Ortes verstehen und sich so verhalten, dass sowohl ihre Sicherheit als auch die des Denkmals gewährleistet sind.

Um die laufenden Erhaltungsbemühungen zu unterstützen, können Besucher auch freiwillig spenden oder Mitglied von

English Heritage werden. Diese Maßnahmen sind zwar nicht verpflichtend, tragen aber zur Finanzierung der Arbeit von Naturschützern, Forschern und Mitarbeitern bei, die die Stätte pflegen und dafür sorgen, dass sie für die Öffentlichkeit zugänglich bleibt.

Zusammenfassend lässt sich sagen, dass ein Besuch von Stonehenge Sorgfalt, Achtsamkeit und Verantwortungsbewusstsein erfordert. Respekt vor der Stätte bedeutet mehr als nur das Befolgen von Regeln – es bedeutet, das Alter, die Bedeutung und die Zerbrechlichkeit des Monuments anzuerkennen. Rücksichtsvolles Verhalten stellt sicher, dass das Erlebnis für alle Besucher positiv bleibt und Stonehenge für viele kommende Generationen geschützt werden kann.

Unterstützung lokaler Gemeinschaften und Unternehmen

Die Unterstützung lokaler Gemeinden und Unternehmen bei einem Besuch in Stonehenge trägt nicht nur zur regionalen Wirtschaft bei, sondern trägt auch zum Erhalt des sozialen und kulturellen Gefüges der Region bei. Während das Monument selbst Millionen von Besuchern anzieht, sind die umliegenden Städte, Dörfer und Familienunternehmen vom Tourismus abhängig, um ihren Lebensunterhalt zu sichern. Eine wohlüberlegte Entscheidung darüber, wo und wie man Geld ausgibt, kann einen sinnvollen Einfluss haben.

In und um Amesbury, Salisbury, Durrington und anderen umliegenden Dörfern gibt es viele kleine Unternehmen. Dazu gehören unabhängige Cafés, Bed & Breakfasts, Souvenirläden, Bauernstände, Pubs, Kunsthandwerksateliers und lokale Reiseveranstalter. Die Wahl dieser Unternehmen gegenüber großen Ketten trägt dazu bei, die Tourismuseinnahmen gleichmäßiger zu verteilen und den Geldfluss in der lokalen Wirtschaft aufrechtzuerhalten. In Amesbury und Salisbury bieten traditionelle Bäckereien, lokale Metzgereien und Marktstände oft Produkte direkt aus der Region an, darunter Käse, Apfelwein, Fleisch und saisonale Produkte. Wer bei ihnen einkauft, unterstützt Landwirte und Produzenten, die traditionelle Praktiken pflegen.

Auch die Wahl der Unterkunft spielt eine Rolle. Familiengeführte Pensionen, Gasthöfe und Bauernhöfe investieren eher in die lokale Gemeinschaft. Diese Orte bieten oft ein persönlicheres Erlebnis und Einblicke in die Geschichte und den Charakter der Region. Der Aufenthalt in solchen Unterkünften trägt zur Schaffung von Arbeitsplätzen bei und beugt der Landflucht vor. Gastgeber empfehlen oft weitere lokale Dienstleistungen und vermitteln Besuchern so vertrauenswürdige Restaurants, Wanderrouten oder Kunsthandwerker.

Lokale Restaurants, insbesondere solche, die Zutaten von Bauernhöfen in Wiltshire beziehen, profitieren davon, wenn Touristen lokal essen, anstatt auf nationale Fast-Food- oder Lieferketten zurückzugreifen. Viele Pubs und Restaurants servieren Gerichte mit Zutaten aus der umliegenden Landschaft. Die Wahl dieser Lokale sichert landwirtschaftliche Arbeitsplätze und hält die traditionelle Küche am Leben. Einige Pubs veranstalten außerdem Live-Musik oder Gemeinschaftsveranstaltungen, bei denen Besucher die Möglichkeit haben, intensiver mit den Einheimischen in Kontakt zu treten.

Auch die Unterstützung lokaler Reiseführer und Reiseveranstalter ist wichtig. Manche Einzelpersonen oder kleine Firmen bieten Wandertouren, Geschichtenerzählstunden oder historische Interpretationen an, die über das Angebot des offiziellen Stonehenge-Besucherzentrums hinausgehen. Diese Unternehmen sind oft saisonal geöffnet und auf Mundpropaganda angewiesen. Buchungen bei ihnen tragen dazu bei, den Nutzen des Tourismus weiter zu verbreiten und Fähigkeiten wie die Interpretation des Kulturerbes und das lokale Geschichtenerzählen zu erhalten.

Kunsthandwerker und Kunsthandwerker der Region verkaufen Waren wie Töpferwaren, Textilien, Schmuck und Kunstwerke, die von der umgebenden Landschaft oder antiken Monumenten inspiriert sind. Diese Artikel sind nicht nur einzigartige Souvenirs, sondern unterstützen auch das Kunsthandwerk, das sonst auf dem Massenmarkt ums Überleben kämpfen müsste. Viele dieser Produkte sind auf lokalen Märkten in Salisbury oder in Galerien und Geschäften in den umliegenden Städten erhältlich. Ein Besuch dieser Orte vermittelt ein tieferes Verständnis dafür, wie das Erbe die zeitgenössische lokale Kreativität inspiriert.

Besucher können die Gemeinde auch unterstützen, indem sie an Dorfveranstaltungen, Jahrmärkten und saisonalen Aktivitäten teilnehmen. Ob bei einem lokalen Sommerfest, einem Besuch im Gemeinschaftsgarten oder einer geführten Wanderung – das Interesse an diesen Aktivitäten ermutigt die Bewohner, diese aktiv zu unterstützen. Respektvolle Teilnahme – sei es durch den Kauf eines Tombola-Loses, das Probieren lokaler Spezialitäten oder einfach durch ein Gespräch mit den Standbesitzern – macht einen echten Unterschied.

Eine weitere indirekte Möglichkeit, die Region zu unterstützen, ist verantwortungsvoller Tourismus. Höflicher, geduldiger und rücksichtsvoller Umgang mit Servicemitarbeitern fördert positive Beziehungen zwischen Besuchern und der gastgebenden Gemeinde. Das Vermeiden von illegalem Parken, Müll oder der unerlaubten Nutzung von Privatgrundstücken beugt Spannungen vor und erhält das Wohlwollen. Die Unterstützung nachhaltiger Praktiken, wie die Verwendung wiederbefüllbarer Wasserflaschen, die Reduzierung von Einwegverpackungen und die ordnungsgemäße Abfallentsorgung, trägt dazu bei, die durch den Tourismus verursachte Umweltbelastung zu verringern.

Bei längeren Aufenthalten können Touristen ehrenamtlich tätig sein oder an lokale Wohltätigkeitsorganisationen oder Denkmalpflegestiftungen spenden. Einige Naturschutzgruppen bieten kurze Freiwilligeneinsätze an, andere freuen sich über finanzielle Unterstützung. Diese Organisationen arbeiten oft im Hintergrund, um Wege instand zu halten, antike Stätten zu bewahren oder einheimische Familien zu unterstützen.

Jede Entscheidung eines Besuchers – vom Kauf eines Snacks bis hin zur Art und Weise, wie er sich durch das Gebiet bewegt – beeinflusst das Wohlbefinden der lokalen Gemeinschaft. Indem Besucher lokale Dienstleistungen wählen, lokale Normen respektieren und mit den Menschen, die in der Nähe von Stonehenge leben und arbeiten, interagieren, können sie sicherstellen, dass ihre Anwesenheit geschätzt und positiv beeinflusst wird. Diese Art des verantwortungsvollen Reisens sichert den anhaltenden Empfang von Touristen und trägt dazu bei, den einzigartigen Charakter der Region zu bewahren.

Regeln zu Müll, Wildtieren und nachhaltigem Reisen

Stonehenge und die umliegende Landschaft stehen nicht nur als Kulturerbe, sondern auch als Teil einer empfindlichen Naturlandschaft unter Schutz. Besucher müssen klare Regeln bezüglich Müll, Wildtieren und Reisegewohnheiten befolgen, um langfristige Schäden zu vermeiden und das Erlebnis für andere zu erhalten. Diese Regeln werden von English Heritage durchgesetzt und von den Naturschutzbehörden unterstützt. Sie gelten in der gesamten Stonehenge-Landschaft, einschließlich des Besucherzentrums, der Wanderwege und der weiteren Umgebung.

Das Wegwerfen von Müll ist auf dem gesamten Gelände von Stonehenge und in dessen Nähe strengstens verboten. Alle Besucher sind für ihren Müll verantwortlich. Während im Besucherzentrum und auf den Parkplätzen Mülleimer zur Verfügung stehen, sind die weiteren Bereiche – einschließlich der Wege, Wiesen und Megalithanlagen – müllfreie Zonen, um die Landschaft zu schützen und Tiere vom Aasfressen abzuhalten. Lebensmittelverpackungen, Flaschen, Plastiktüten und Papierabfälle müssen ordnungsgemäß entsorgt werden. Müll ist nicht nur respektlos gegenüber dem Kulturerbe, sondern kann auch die Umwelt schädigen, die archäologische Integrität beeinträchtigen und zu Geldstrafen führen.

Im gesamten Stonehenge-Gebiet, insbesondere in den umliegenden Feldern, Wäldern und Kalkgraslandschaften, gibt es Wildtiere. Einige dieser Tiere – Kaninchen, Vögel, Insekten und gelegentlich auch Rehe – können zwar für Besucher sichtbar sein, sollten aber nicht gestört werden. Das Füttern von Wildtieren ist nicht gestattet. Essensreste, auch organische, können das Verhalten der Tiere verändern, Schädlinge anlocken und Gesundheitsrisiken für Wildtiere und Besucher bergen. Das Wegwerfen von Essensresten in der Nähe des Monuments birgt außerdem die Gefahr, den Boden zu beschädigen und Tiere in Gebiete zu locken, in denen sie sich nicht aufhalten sollten.

Besucher sollten außerdem keine Gegenstände wie biologisch abbaubare Verpackungen, Taschentücher oder Essensreste im Gras hinterlassen. Diese Materialien zersetzen sich möglicherweise nicht schnell und können den Lebensraum beeinträchtigen. Auf den Feldern rund um Stonehenge wachsen Wildblumen und seltene Gräser, und viele stehen unter Naturschutz. Das Verlassen der ausgewiesenen Wege kann diese Pflanzen schädigen und empfindliche Ökosysteme zerstören. Schilder weisen Besucher auf die richtigen Wege hin, und alle Wanderwege sind deutlich markiert, um Schäden zu minimieren.

Haustiere sind auf dem Stonehenge-Gelände nicht erlaubt, mit Ausnahme registrierter Assistenztiere. Dies dient nicht nur dem Schutz der Steine und des Besuchererlebnisses, sondern auch der Vermeidung von Störungen der Tierwelt. Freilaufende oder bellende Hunde in der Nähe empfindlicher Lebensräume können die Tiere stressen, Nester beschädigen oder seltene Pflanzen zertrampeln. Besuchern, die in der weiteren Umgebung spazieren gehen, wird empfohlen, Hunde an der Leine zu führen und die örtlichen Richtlinien für Ackerland und Naturschutzgebiete zu beachten.

Nachhaltiges Reisen wird dringend empfohlen. Besuchern wird empfohlen, nach Möglichkeit öffentliche Verkehrsmittel, das Fahrrad oder Sammelbusse zu nutzen. Der Stonehenge-Shuttlebus von Salisbury ist zeitlich auf die Ankunft der Bahn abgestimmt und reduziert so die Anzahl der einzelnen Fahrzeuge auf der Straße. Die Wahl dieser Dienste anstelle des Autos trägt dazu bei, Emissionen zu senken und Staus auf kleinen Landstraßen zu reduzieren. Besucher, die mit dem Auto fahren, werden gebeten, Fahrgemeinschaften zu bilden, wenn möglich Elektrofahrzeuge zu nutzen und alle Parkhinweise zu beachten, um Schäden an Straßenrändern oder Privatgrundstücken zu vermeiden.

Im Besucherzentrum und im Museum stehen Recyclingbehälter in den Essensbereichen bereit. Besucher werden gebeten, ihren Müll ordnungsgemäß zu trennen. Es stehen nachfüllbare Wasserstationen zur Verfügung. Gäste werden gebeten, wiederverwendbare Flaschen mitzubringen, anstatt Einwegplastik zu kaufen. Viele der Lebensmittel- und Geschenkverkäufer vor Ort verwenden zudem nachhaltige Verpackungen und Produkte aus der Region, um den ökologischen Fußabdruck ihres Betriebs zu reduzieren.

Nachhaltige Entscheidungen gehen über den Standort selbst hinaus. Touristen, die mehrtägige Aufenthalte planen, können Nachhaltigkeit fördern, indem sie öko-zertifizierte Unterkünfte wählen, lokal hergestellte Produkte kaufen und beim Einkauf auf unnötige Plastikverpackungen verzichten. Wandern und Radfahren werden für die Fortbewegung in der Umgebung empfohlen, und viele ruhige Wanderwege verbinden Stonehenge mit nahegelegenen Sehenswürdigkeiten wie Durrington Walls und Woodhenge.

Bildung ist Teil des Naturschutzes. Schilder rund um das Gelände erinnern an die Regeln, Besucher sind jedoch selbst für ihr Verhalten verantwortlich. Familien mit Kindern sollten die Wichtigkeit einer sauberen und unberührten Landschaft erklären. Gruppenleiter, Reiseveranstalter und Lehrer sollten vor der Ankunft die Erwartungen klären.

Die Nichtbeachtung von Umweltvorschriften kann zum Verweis vom Gelände, zu Geldstrafen oder zum Ausschluss von zukünftigen Besuchen führen. Diese Maßnahmen sind selten notwendig, dienen aber dem Schutz einer der bedeutendsten prähistorischen Stätten der Welt.

Der Schutz der natürlichen und kulturellen Umgebung von Stonehenge erfordert Eigenverantwortung. Ordnungsgemäße Abfallentsorgung, respektvoller Abstand zur Tierwelt und eine bewusste Reiseplanung tragen zum langfristigen Schutz der Stätte bei. Besucher, die diese Regeln befolgen, tragen dazu bei, dass die Landschaft auch für kommende Generationen offen, sauber und bedeutsam bleibt.

Abschließende Überlegungen: Machen Sie das Beste aus Ihrer Stonehenge-Reise

Ein Besuch in Stonehenge ist mehr als nur die Besichtigung einer historischen Stätte – es geht darum, einen komplexen Ort zu verstehen, der für verschiedene Menschen im Laufe der Zeit eine tiefe Bedeutung hat. Von der Planung bis zum Moment, in dem man in der Nähe des Steinkreises steht, trägt jeder Teil der Reise zum Erlebnis bei. Ob Sie wegen seiner archäologischen Bedeutung, seines spirituellen Wertes oder aus persönlicher Neugier kommen – um das Beste aus Ihrer Reise herauszuholen, bedarf es Vorbereitung, Achtsamkeit und Respekt.

Informieren Sie sich zunächst. Das Verständnis der Geschichte, Struktur und Theorien der Stätte hilft, dem Gesehenen Bedeutung zu verleihen. Stonehenge ist kein Monument, das man schnell betrachtet und dann wieder verlässt. Zu wissen, wer es erbaut hat, wofür es möglicherweise genutzt wurde und wie es sich in die prähistorische Landschaft einfügt, macht den Besuch spannender. Lesen Sie vor Ihrem Besuch. Nehmen Sie den Audioguide ernst. Achten Sie auf Schilder, Ausstellungen und Mitarbeiter. Je mehr Sie verstehen, desto mehr werden Sie während Ihres Aufenthalts vor Ort bemerken.

Der richtige Zeitpunkt für Ihren Besuch ist entscheidend. Frühes Erscheinen oder die Wahl eines Besuchs außerhalb der Hochsaison (außerhalb der Sommermonate) helfen, Menschenmassen zu vermeiden und mehr Zeit zu haben, die Umgebung zu genießen. Wer sich die Mühe macht, an einer Sondersitzung teilzunehmen, insbesondere frühmorgens, erlebt diese Momente oft ruhiger und konzentrierter. Auch regelmäßige Tagesbesucher können ein bedeutsames Erlebnis schaffen, indem sie sich Zeit lassen und nicht durch das Gelände hetzen.

Denken Sie über den Steinkreis hinaus. Die umgebende Landschaft, die Wanderwege, die Grabhügel und das Besucherzentrum spielen alle eine Rolle in der Geschichte von Stonehenge. Nehmen Sie sich Zeit für Spaziergänge zu Orten wie der Avenue, den Durrington Walls oder Woodhenge. Dies sind keine Abstecher, sondern Teil des gesamten Monuments. Ein Besuch der nahegelegenen Orte Salisbury und Amesbury verleiht dem Monument Tiefe und verbindet es mit den modernen Gemeinden, die es pflegen und in seiner Nähe leben.

Auch der Austausch mit anderen prägt den Besuch. Gespräche mit Mitarbeitern, Freiwilligen und sogar anderen Besuchern können neue Perspektiven eröffnen. Hören Sie sich verschiedene Interpretationen an und denken Sie darüber nach, was der Ort für andere bedeutet. Ob Sie Teil einer Reisegruppe sind oder alleine unterwegs sind, der Ort ist ein gemeinsamer Raum, und Rücksichtnahme bereichert das Erlebnis für alle.

Fotos können helfen, Erinnerungen zu bewahren, sollten aber nicht das Ziel sein. Zu viel Fokus auf das perfekte Bild kann vom wahren Wert des Hierseins ablenken. Verbringen Sie Zeit ohne Kamera oder Handy. Lauschen Sie dem Wind, schauen Sie zum Horizont, beobachten Sie die Anordnung der Steine.

Diese stillen Beobachtungen hinterlassen oft einen stärkeren Eindruck als das schönste Foto.

Überlegen Sie nach Ihrem Besuch, was der Ort in Ihnen hinterlassen hat. Manche empfinden es als Staunen über die antike Ingenieurskunst. Andere empfinden eine Verbindung zu Zeit und Vorfahren. Manche empfinden vielleicht Frieden, andere Neugier. Was auch immer Ihr Eindruck ist, nehmen Sie sich Zeit, ihn zu verarbeiten. Teilen Sie ihn mit anderen, unterstützen Sie den Erhalt der Stätte durch Mundpropaganda oder Spenden und überlegen Sie, wie Ihr Aufenthalt dort in Ihr Reiseerlebnis passt.

Betrachten Sie Stonehenge nicht als einmaliges Reiseziel, sondern als einen Ort, den Sie immer wieder besuchen möchten. Jahreszeiten, Lichtverhältnisse, Ereignisse und sogar Lebensabschnitte können die Eindrücke und die Eindrücke verändern. Respektieren Sie die Stätte, reisen Sie bewusst und nehmen Sie das Gelernte mit an Ihr nächstes Reiseziel. Ihre Reise endet nicht im Besucherzentrum. Sie wird Teil eines umfassenderen Verständnisses von Geschichte, Landschaft und unserer Verbindung zur Vergangenheit durch die Orte, die wir besuchen, und die Sorgfalt, die wir ihnen widmen.

Abschluss

Am Ende Ihrer Reise durch diesen Reiseführer erwartet Sie Ihr ganz persönliches Stonehenge-Erlebnis – geprägt von der Jahreszeit Ihres Besuchs, dem Wetter und Ihrer persönlichen Bedeutung. Dieser Reiseführer bietet Ihnen alle praktischen Hilfsmittel und den notwendigen Kontext, um Sie bei der Vorbereitung, Orientierung und Wertschätzung nicht nur des Monuments selbst, sondern auch der Menschen, der Landschaft und der damit verbundenen Gemeinschaften zu unterstützen.

Stonehenge steht nicht isoliert da. Es ist eng mit seiner Umgebung, benachbarten Stätten wie Durrington Walls und Woodhenge, der Stadt Salisbury und den Menschen, die in den umliegenden Dörfern leben und arbeiten, verbunden. Um das Monument zu verstehen, muss man die Anstrengungen seiner Bewahrer würdigen und erkennen, wie es in das antike und heutige Leben passt.

Ob Ihr Besuch nur ein kurzer Zwischenstopp ist oder Sie sich für ein tieferes historisches Interesse interessieren, es ist ratsam, sich Stonehenge mit Geduld und Aufmerksamkeit zu nähern. Es wird Warteschlangen geben. Das Wetter kann plötzlich umschlagen. Teile der Anlage können überfüllt sein. Aber es wird auch ruhige Momente geben – sei es ein Spaziergang entlang der Avenue am frühen Morgen oder das

Lauschen des Windes, während Sie in der Nähe der Steine stehen. Dies sind die Momente, die den Besuchern oft am längsten in Erinnerung bleiben.

Respektieren Sie die Stätte. Respektieren Sie Ihre Mitmenschen. Befolgen Sie die Regeln zum Schutz der Stätte. Unterstützen Sie lokale Unternehmen, wann immer Sie können. Stellen Sie Fragen, wenn Sie neugierig sind, und beobachten Sie, wenn es nichts mehr zu sagen gibt. Diese kleinen Entscheidungen tragen zu einem sinnvollen Besuch bei und tragen zum Erhalt einer der bedeutendsten prähistorischen Stätten der Welt bei.

Vielen Dank für die Nutzung dieses Reiseführers. Er dient Ihnen nicht nur als Informationsquelle, sondern auch als Erinnerung daran, dass selbst vielbesuchte Orte ihren Wert behalten, wenn man sie mit Bedacht betrachtet. Stonehenge wird auch nach Ihrem Besuch noch da sein – aber die Erinnerung daran und die Erkenntnisse, die Sie daraus gewinnen, bleiben Ihnen erhalten.